全国青少年校园美文精品集萃 　　　　　　　　的你系列

少年的你
是岁月最好的礼物

《中学生博览》杂志社 选编

时代文艺出版社

图书在版编目（CIP）数据

少年的你是岁月最好的礼物 /《中学生博览》杂志社选编. — 长春：时代文艺出版社，2021.3

（青少年校园美文精品集萃丛书.少年的你系列）

ISBN 978-7-5387-6583-0

Ⅰ. ①少… Ⅱ. ①中… Ⅲ. ①作文－中学－选集 Ⅳ. ①H194.5

中国版本图书馆CIP数据核字（2020）第264960号

出 品 人	陈	琛
产品总监	邓淑杰	
责任编辑	刘瑀婷	
装帧设计	孙	利
排版制作	隋淑凤	

少年的你是岁月最好的礼物

《中学生博览》杂志社　选编

出版发行 / 时代文艺出版社

地址 / 长春市福祉大路5788号　龙腾国际大厦A座15层　邮编 / 130118

总编办 / 0431-81629751　发行部 / 0431-81629755　北京开发部 / 010-63108163

官方微博 / weibo.com / tlapress　天猫旗舰店 / sdwycbsgf.tmall.com

印刷 / 三河市嵩川印刷有限公司

开本 / 880mm×1230mm　1 / 32　字数 / 135千字　印张 / 7

版次 / 2021年3月第1版　印次 / 2021年3月第1次印刷　定价 / 36.00元

编 委 会

Contents
目　录

我们之间的半岛铁盒

"私奔"到月球

爱会是最初的模样

年华里最美的你

请回答2014

左 海

此 去 经 年

前些日子，无意间读到宋之问的一句诗：东京杨柳陌，少别已经年。

想起这些年来的很多人与事。

七岁，划破手指，如今伤疤还在；十岁，公园磕破小腿，缝针后留下印记，像蜈蚣；十二岁，患上咽喉炎，至今未愈；十六岁，军训第三天，大雨，爷爷因病去世；二十一岁，即将告别大学生活，步入社会。

小学到大学一直同校的朋友，距离变得越来越远；说要永不分离的两三人，早已不知踪迹；远方能相互倾诉、写好几页信纸的笔友，上了大学后失去联系；朋友的朋友，现在成为我最好的友人；从小喜欢的歌手已为人妻，怀上了小宝宝。

时间是很奇妙的一样东西，时过境迁，万物流转，人间已换了模样，它却总在某个地方，不快不慢地带你前行。

<h1 style="text-align:center">十　七</h1>

电视剧里说：你有没有一个感觉，我们的十七岁，好像不过才是去年的事。

十七岁的我，额前有细碎的刘海儿，穿运动装帆布鞋，背黑色的单肩包。

我还记得那年开学第一天，换了新教室需要大扫除，患有轻微恐高症的我颤颤巍巍地踩着凳子爬上桌子，擦拭悬在高处的灯泡和吊扇。

午休时间，和好友推着垃圾车在校园里乱跑，站在车上挥舞迎风飞扬的塑料袋，用手机录下嬉闹的影像。

户外活动课上，被女生朋友拽到眼镜店里检查视力，而她真正的目的是为了多看几眼年轻帅气的配镜师。

在冬日即将结束的某个下小雪的傍晚，我从收发室拿到了第一张稿费单，不多的七十二块钱，却比一个月的生活费还要沉甸甸。

只要闭上眼，似乎就能闻到那年空气里香樟和阳光的味道，试卷和答题卡散发出新鲜的油墨香。

静下来的时候也会想，如果拥有一台时光机，我会不会毅然决然地选择回到过去。人却终究会不断成长，改变很多已经坚持多年的习惯。现在的我，早已理了短发，偏爱休闲服，觉得双肩包背着更舒服。

所以，我偶尔会怀念那个未满十八岁的我，但又不愿再去打扰他最美好的样子。

刺

事情总有这样的时候。

埋头苦学好几年，放弃一切休闲娱乐的时间，月考总拿到很高的分数，同学老师都竖大拇指夸赞，轮到真正上了战场，却没有得到应有的回报。

喜欢了好久的明星，突然闹出不好的负面新闻，心里坚信他是无辜的人，辗转在各大论坛为他辩护，听到有人说他坏话，恨不能揪出那人当面对质。可到最后，你拼了命维护的人却公开道歉了，你望着电视屏幕难过得哭了好长时间。

上学迟到，早自习偷偷吃早点被发现，老师出的题不会解，交作业的时候发现忘在家了，体育课摔倒手掌擦破了皮，你想着真是人一倒霉喝凉水都塞牙，不能有比这一天更倒霉的了。可没想到，这一天快要结束的时候，你又闹肚子，来来回回跑了好几趟厕所。

是不是很难过，很失望。明明已经很努力了，却没有得到好的结果。明明很相信了，却发现被骗了好多年。明明没有做过坏事，却总是倒霉。

就像歌里唱的那样：生活是这样子啊，不如诗，平淡日子里总有刺。

尽管如此，还是要好好活，生活哪有永远一帆风顺的时候。跌倒了还可以爬起来，信仰被摧毁可以重新建立，屡屡受挫就要变得更谨慎才对，失败后总有应对的方法。

你见过风雨，就能见彩虹。

应 答 吧

陪伴了十年的《哈利·波特》在2011年的夏天与我们挥手作别了。

2012年我最喜欢的韩剧《请回答1997》第二年就出了续集。

2013年的周杰伦公开了恋情，却没能兑现每年一张专辑的承诺。

新年伊始，阔别两年之久的"夏洛克"刚刚与我们相见，又匆匆走远。

《请回答1994》里，三千浦有句独白说："这世上没有毫不后悔的选择，而且生活也是没有正确答案的，对自己过去的选择毫不后悔地坚信并爱下去，那就是生活的正确答案。"

2014年的1月，我所在的城市没有下一场像样的雪，空气质量也是时好时坏。过完新年以后，就要迎来为期半年的实习，终于要整装待发踏入社会了。既然新闻这门专业是我自己的选择，无论前景多不好，只要我能坚持下去，就一定能学到更多东西。

成功能让我学到一点点，而失败能让我学到许多，所以我不怕输。

我要自己挣钱，学更多为人处世的道理，写好多被读者喜欢的文稿，还要去旅行。

2014，我的心愿你是否听见。如果听见，那就应答吧。

南风知我意

暖 夏

悲剧是什么?

悲剧就是第一节听力课上,你好不容易达到一百个小时的听力记录被清零了,紧接着又听说第二节就有你最不擅长的数学考试。事后据刘薇描述,当时我扒着听力电脑哭得那叫一个凄惨,声震南天。比前天来学校做道德模范演讲的单亲女孩儿还要声泪俱下、感人肺腑。以至于我顶着俩灯泡眼去考试,在考场外头待考的同学统统自觉给我留出来一条宽阔的路,感觉像走红地毯一样备受瞩目。

听说这事还有余音,学校高层辗转收到了这条"新闻",但内容已被谣传得面目全非。说一女学生在竞争式教育下压力过大,某日在听力教室突然失态狂砸电脑,导致当时上课的所有记录都被清零。权衡利弊,学校决定减负。下午第四节课变成自由活动课,大家可以打打球、踢踢毽子，强健体魄矫正心理。

"我觉得挺好。"我把手中的羽毛球发出去，听到由于用力过大骨骼发出"嘎巴"一声，我痛苦地捂着腰，跟跄了几步。

"你又怎么了？"刘薇掂着羽毛球，皱眉。

"……闪腰了。"我艰难地从牙缝里蹦出几个字。

"倒霉催的，听听力被清零，跑步磕倒，路过球场被球砸，还听你同桌说，吃橘子都被酸到流眼泪啊？"

"我……在攒人品。"我露出一个坚强的微笑，"你没听过人品守恒定律吗？人品既不会凭空产生，也不会凭空消失，它只能从一种形式转化为其他形式，或者从一个物体转移到另一个物体，在转化或转移的过程中，人品总量不变。在我孜孜不倦的努力之下，倒霉人品就要用完了，我的人生转运在即！"

刘薇点头，也发了个上手球，羽毛球正中脑门儿，我的。

哼，这点儿程度的倒霉能难倒我吗。想当年，我初中运动会时跑接力，本来我们组遥遥领先，结果我喜极悲来，手一滑，棒飞了，我飞身扑过去捡棒，脚底打滑，摔倒，挣扎着爬起来硬着头皮就跑，方向又跑错，重新跑回第三棒交接的地方……我们班同学目睹这一切的发生，都哭了，被我拼搏而永不言弃的精神深深打动。当时我大义凛然地一擦鼻血，表情悲壮："对不起，没能完成组织交给我的任务！"班长很沉重地拍拍我的肩膀："小马，你已经很努力了，先回宿舍吧，女孩子家家的，裤子上破俩窟窿，实在不大好看。"

还有一次，我和班草出黑板报，我踩在讲桌上画花纹，班草在后面叫我："马静羽？"我应声回头，发现班草正举着相机，我连忙调整巨挫无比的面部表情，还比出来个剪刀手。手上剧烈动作的结果是我托着的颜料盘飞了出去，颜料在空中散开，在我衣服上安家。我手忙脚乱地去抓颜料盘，脚底一歪，华丽得像葱一样从桌子上栽下来，完美地倒在班草脚边。

最可悲的是，班草竟然笑岔气儿了。这件事里唯一的一点儿安慰是班草的评价："啊哈哈……马静羽，你怎么那么好玩啊？"个人价值还是得到了肯定不是。

用刘薇的话说，我是一个充满了诅咒色彩的人。根本不需要墨菲定律，因为事情开头就是变质的。但是，我对这个世界依旧充满了热爱与感激，因为就算我跑得膝盖都破了连最后一名都没拿到，可我得了个最佳风尚奖；就算我撒了一身颜料，可幸好不是夏天。虽然很惨了，但是没有更惨，那就很好了。

进教室的时候班会开了一半，教室气氛很沉重，班长推着眼镜问："真的没有人吗？"有人懒洋洋地举手："班长，马静羽就挺好，她以前跑步可快了，还是第四棒呢。"

"小马啊。"班长点头,往花名册上一划,"就这样。"这群人做事就这样,也不征求我意见,反正我是有求必应星人。

班长从眼镜框上头看着推荐我的人说:"班曹,这么热情上进啊,那你就跑男四棒吧。"没错,他就是当年那个班草,他爸姓班,他妈姓曹,他就蹬鼻子上脸地自诩班草。

一下课,班草在对角线的另一端叫我:"马静羽,我们去跑步吧。"全班都笑,刘薇趴在我耳边:"马静羽,原来他早有预谋。"我傻笑:"啊?"

不过我还是出去和班草跑圈儿,因为我是滥好人。班草叉腰站在跑道边缘,逆着光,浑身毛茸茸的:"马静羽,你有没有好好做情报工作啊?"

"有啊有啊,刘薇今天都有提到你。"

班草眼前一亮:"马静羽,你别坑我。"

"搞不懂,你那么喜欢刘薇,自己跟她讲,干吗找我打掩护。"

"笨,因为你单纯啊。"班草笑了,白牙闪啊闪,比夕阳还刺眼。

"刘薇生日18号。"

班草突然不说话,有那么一段时间,只有晚风轻盈。

"……马静羽……"

"啊?"

"……其实刚才我在想你那次惊世骇俗的生日，啊哈哈哈太好笑了！那绝对是我这辈子见过最好玩的一次生日！我家现在还存着那时候的照片呢！我相信那些照片咱班肯定人手一份！心情郁闷的时候就拿出来看看，很能调节！"

就是这样，当一个黑色幽默发生的时候，除了受害者本人，所有人都会觉得十分好笑。

我6月1号生日，23号中考。也不知道大家到底有多寂寞，给我办了一个surprise party。之所以是惊奇，是因为除了我之外谁都知道，连我们那天天端着个大茶缸子站在教室门口呈弥勒佛状微笑的班主任老头都知道。

悲剧从进门开始。当时我抱着作业推门而入，里面拉着窗帘一片昏暗，然后一群人哇地扑上来，我大叫一声，一扔作业，一阵乱抓，哭了。

请一定要体谅一个前天晚上熬夜看完《午夜幽灵》的人是多么惧怕这样的情景设置。

快门一按，眼前一闪，黑暗里传来班草固有的懒洋洋的嗓音，"马静羽，你怎么抓得像狗刨？"

在我的强烈要求下，他们终于答应开一盏灯，而被打开的那一盏恰巧得了闪烁病，就像《哈利·波特》里面那盏一闪一灭的路灯一样，充满了科幻奇诡的意味。班长有模有样地念着生日贺词，大家却都瞅着蛋糕摩拳擦掌。

轮到寿星讲话，我很善解人意地点头："怪辛苦的，都吃吧。"大家一哄而上，切分蛋糕。而后，我惊恐地发现，大家都狞笑着举着蛋糕冲了过来……我一抹脸上的奶油塞进嘴里："这么好吃，多浪费呀。"

那边班长突然怪叫一声："等一下！小马的生日贺卡还没给！"说着冲回自己的位子乱翻。他桌子很乱，随便这么一折腾，一大叠纸天女散花般飘飞起来。

我跑过去帮忙："这是什么啊？"班长说："上周模拟考的卷子……马静羽？"当然不用班长回复我这是什么，因为此时此刻，我的手里拿着那张标有马静羽名字的只有95分的卷子。

数学岌岌可危而我还在歌舞升平。

于是我哇的一声，二度放声大哭。无怪，中考末端压力那么大，我又那么感性。

眼前又是一闪："马静羽，哭得丑死了，笑一个。"于是，便有了人手一份的珍藏照片：一片黑漆漆的背景里，我的脸被闪光灯照得发亮，一脸一身的蛋糕，胸前举着一张95分红惨惨的卷子，脸上表情皱成一团，但是，在笑。

回忆戛然而止，我仰头看着意犹未尽的班草："不是约我跑步吗？跑吧。"

南来的风好像把整个世界都吹起来了，班草始终在视线不远的前方，频率正常，呼吸安稳。

18号天色晴朗，南风微醺，是4×100的好天气。我在跑道上做了个"会挽雕弓如满月"的预备姿势舒活筋骨。

有人站在台阶上喊："马静羽！"我摆好笑容抬头，果然正对相机镜头，"班草，你照相欲怎么那么强？"

班草从相机后面露出脑袋，露白牙："因为你好玩呗。""端好相机，等会摔一个给你看。"我转身对着跑道，听见背后的喊声："要赢啊，马静羽！"

起跑的枪声像是地雷引发，我内心开始轰轰爆炸开来。以前也尝试过这种紧张，自己的世界里什么也没了，目光只是单纯机械地追随着自班的运动员，直到那个身影奔至面前，像交付性命一样把接力棒狠狠拍在我手上。

我接过棒，不要命似的跑，呼吸也不要了，只是拼命摆动双臂，给自己生风的力量。要赢啊，只要赢就好了。

过了终点线将近二十米我才停下。回头看等在终点的同班同学，发现他们都凝固了，过了好久，班长才代表大众发出了心声："……马静羽，你疯了吗？怎么跟不要命似的，跑得那么狰狞！"

"哦，那就是我们赢了。"我还晕得没概念。"岂止是赢了，你都把其他选手吓傻了！"我四处看了看，没发现相机，听见班长继续说："同志们回神啊！男子4×100也快开始了！"

哦，班草也要跑了啊。我握着矿泉水站在终点看着百米开外的班草，他正偏头和台阶上刘薇讲话，样子似乎是在笑的。

年华里最美的你

南风微微，却因为剧烈跑动的缘故，拂在面上竟是有些冷了。

而后，人品定律爆发了。由于班草平时作恶多端，奴役良家女生还不付工资，接棒后来了一个凶残的面地摔，当时隔着那么远我都能感受到那强烈的一摔究竟有多痛，不禁哆嗦了一下。

接着刘薇以猎豹一般的速度扑了上去，我都怀疑让她跑第四棒是不是更合适，这种爆发力实在太惊人了。而也就是在这个时候，我那不太灵光的脑袋突然转过弯来了，我搜集了那么多关于刘薇的资料，眼观六路耳听八方，怎么就没发现这一条呢？

原来刘薇也喜欢班草。原来是两情相悦的事情啊。

我拧开矿泉水瓶，仰头喝了一大口，觉得脸颊连同喉咙一起湿润了。

班草再出现的时候变成了"瘸子"，冲这边笑一下，我很自觉地转头，果然发现身旁的刘薇正回以微笑。我拿拍柄杵了她一下："笑啥，打球吧。"

刘薇上手发球，话语随着身体动作也带了股狠劲儿："知道吗？班草竟然向我告白了耶。"我把球打回去："哦。""听说他把你策反成情报人员了？没想到你这么深藏不露啊，马静羽。"我继续原动作："嘿嘿。""反正我答应了。跟你说哦，其实我觉得班草也挺不错，以前还以为他对你有意思所以才……哎，你觉得班草怎样啊？

你们不是初中同学吗？"

球没接到，又被打到脑门上了，我低头捡球，"……我觉得，挺好。"

真的都挺好。

数学差5分不及格我也笑，因为你说，笑一个。你用男生跑400米的速度跑一圈我也跟得上，只因为你在前面。我多么倒霉都不沮丧，因为你一定会准时跳出来嘲笑我，让我觉得很有存在感……

南风又起了，微微发冷。

垃圾兽只爱皱皱的咸菜

垃圾兽

呆熊，你不是凡人

初一那年，每当中午放学，你永远最快蹿出教室，往食堂百米冲刺。我嘲笑你饿鬼投胎，跑的样子让我想到呆呆的熊。下午放学，你总提着水桶、毛巾挤开人流冲进澡堂。看着你匆忙的身影，我有些疑惑，你这么急是为了什么？

大家在宿舍打闹完，要睡觉了，你才匆匆从教室回来。原来你这么忙是为了学习，真是勤奋的孩子。

月考后，光荣榜前，我点着排名第二的你的名字，顿时对你刮目相看。当我暗暗考虑要不要改叫你"学霸"的时候，听见你在说话，有点儿急有点儿结巴的语调让我冒冷汗，你果然还是一只呆熊啊。

呆熊，你还是个小气鬼，会用小本子记下每天的消费名细，生活费竟然只是我的一半。

晚自习前，你在讲台哭爹喊娘……你说你掉了五毛钱。我按住太阳穴感叹，呆熊，你不是凡人。

那只呆熊，叫咸菜

在重新分班的初二，你手足无措，因为最好的朋友与你不再同班。

你成了我的同桌。从此，咱俩侃天论地，英雄惜英雄，处到一块去了。你是没有脾气的好好小姐，人缘很好。

我常常在想，要是人生一定要有个可为之两肋插刀的死党，那我选你好了。

你不愿意让别人见到你蘑菇头时代的校卡，我却有事没事就偷出来乐和乐和，还会指着照片说："看，你像不像旧社会受尽欺凌的小媳妇？"然后仰天大笑。

我常常霸占你新买的杂志，看够了再扔给你。你喜欢的平面模特，我会把他损得一钱不值。我还喜欢有事没事给你乱点鸳鸯谱。

我会乱发脾气，会不遗余力地打压你、损你。然后发现，你果然是神！竟然能忍受被公认毒舌坏脾气的我。

说起彼此理想的高中，你说，我去哪儿你就去哪儿。我心里溢满了叫感动的东西，暖暖的。"我考砸了你也陪我？"我问。"嗯，"你答，"你考差我也会陪你。"我认真地说，因为那时你的成绩不如我的稳定。这成了我们小小的约定，我们说，要一直一直在一起。

新发的班服，洗过之后，全班只有你的皱巴巴难以见人，我哈哈大笑，你这衣服简直是咸菜啊。然后你就成了"咸菜"。垃圾兽是一个喜欢吃咸菜的动漫人物，于是我成了垃圾兽。

咸菜，垃圾兽还是要戒掉你

初三一年，我频繁地耍忧郁，经常大晚上call你出来陪我，还特厚脸皮地叫你给我带布丁双皮奶。而你每一次都会匆匆赶到。

在这年的生日，正好处于我耍脾气与你冷战期。我有些慌，这样就没人记得我生日了吧……

那天早上，教室一切如常，没人会记得是我这个讨厌鬼的生日……

即将上课的时候，文娱委员小丽站起来宣布今天是我的生日，还带头唱生日快乐歌。我惊讶地瞪大了红着的眼睛看她，眼泪还是流了出来。我慌忙低头擦，却怎么也擦不完。那一刻，我特别恨你，为什么不熟悉的小丽都记得我生日，你却不记得？我咬着牙对你说，我恨你。我始终没注意，教室另一端的你眼里也蓄满泪水。

那天中午，你叫人把礼物送到我门口。我看着那只大兔子和嘉顿威化，蹲下来泣不成声。原来你还记得。

中考我落榜了，你却进了市一中。

刚好制度更改：考取报考的学校必须就读，不得随意换学校，否则没有档案。

所以，我们初二那年的约定就成了小孩子间的玩笑。你说："我们当初怎么那么傻，为什么非得说我们之间一定有一个人考差呢？"

在垃圾兽人生最黑暗的时期，是咸菜陪她度过的。垃圾兽走出了低谷，咸菜理所当然功成身退了。

我必须习惯没有你，不去依赖你，学着坚强，学着独立。

但，垃圾兽最爱的，始终是那皱巴巴的咸菜。

樱 之 盛 宴

沐 夏

樱 开

你说："原来朋友真的是拿来利用的。"

你说："原来当初说会保护我果然只是无心之谈。"

你说："再见。"

你说着说着眼角慢慢溢出了豆大的泪珠，不听话的泪珠汇成小河，顺着鼻翼悄悄流了下来。

我站在你身后，仍旧没心没肺地笑着，傻傻的。眼里是来不及浸出的水雾。阳光将影子拖得很长很淡。我眨眨眼，努力撑大眼帘，害怕泪水会随细雨一起纷飞。

曾在作文中写过这样一句话：流着泪说再见真的是一个很傻的举动，舍不得又何苦强求自己分开？如果真的决定了就不该流泪。泪是圣物，为这种事不值。

呵，这就是我，固执己见的我。

你连再见都懒得回应了吗？你突然转身抬起头，用红肿的眼睛直视着我，眼瞳里滚动着一丝幽怨。你倔强地站在草地上，风肆虐地吹扬起你的头发。

我的心里不由得一阵悲伤。这就是你，那个不断追逐、不断迷茫的你。

我长长地叹了口气，仰起头，待到眼泪这个本不该存在我眼睛里的液体风干后，才缓缓地垂下头。你始终是不懂"最好的离别方式就是沉默"这句话啊！

本来就是啊！我顿了顿，看见你好不容易才消散的泪珠又一个接一个地拼了命地挤出眼眶。狠狠地咬了咬下嘴唇，我心一横，分，就要彻底才痛快吧！我倦了，你对我而言没有了利用价值。

你依旧一动不动，倔强地站在那。风吹拂你的脸颊，带走了泪。有那么一瞬间，我甚至嗅到了苦涩的味道。这是我第二次在你身上看到了以往自己的影子。

闭上眼，深深地吸了一口气，然后转身离去，不曾回头。天下起了小雨，猝不及防，滴落在手上，灸得心痛。我怕我再不走，就再也舍不得离开了。

再见，原谅我最终没能把它说出口。

樱　　盛

同桌告诉我你变了，她说你总喜欢一个人孤零零地站在逆光中，虽然你变得活泼了，朋友多了起来，却总是保持着这个习惯。

听着听着，我嘴角不由自主地勾起了一道四十五度的弧。手中的笔未停，心中飞扬的思绪已停留在同桌一张一合的红唇上。真好，你终于学会了体会寂寞！这样的话无论是多么重要的朋友离开你，你也不会如往常般哭泣无助了吧！

安全感要学着在自己身上找。因为在这个世界上，谁都有可能背叛你，唯有你自己不会。

"真的不会后悔吗？你也变了！"在注视了我半晌之后，同桌突然开口。我的身体猛然一抖，"嘶"的一声，水笔在雪白的笔记本上画了一条难看的曲线，格外刺眼。我紧盯着那条长而细的划痕沉默了许久。

同桌好看的大眼睛斜了我一下，最后眯成了一条又黑又浓的线。

我嘲讽地低笑一声，顺手将那张纸撕下揉成一团。"有些事还是不要说出的好！"

"明白。"她很豪迈、很气似的往我肩上拍了几下，很重，似乎在拍一件没血没肉的艺术人雕。

我没作声，埋下头重新抄写。

真好，还可以重新来过。可有些东西，一旦过了就再也回不来了。

同桌说我的话越来越少，笑越来越怪。古人一字千金，我一句万金；古人"回头一笑百媚生"，我"回头一笑万鬼泣"。面对此等冷笑话，我报以"万鬼泣"回应。却见她用手捂着胸口"啊"的一声向后倒在后桌上。

你知道为什么有些人可以一整天一整天地坐在那里一言不发、面无表情吗？那是因为他怕一开口就崩溃，然后那泪就怎么也止不住了。

樱 凋

你走了，明明上午还待在教室里与几个女生跳绳，下午便随风一起悄无声息地飘到了日本。几个星期后，你给同桌寄了几张照片，照片上的你笑靥如花，黑发飘扬，清秀文静的面孔盛放在烂漫的樱花之下，洋溢着青春的张扬与美好。你灿烂的笑脸斩在我眼瞳放大，放大，直抵我心最深处。

"喂，别哭了！看见你，我看见了自己的影子哦！以后就由我来保护你吧！嘿，你又怎么了？高兴？用不着哭吧！喜极而泣？"

年少时对着你发出豪言壮语的那个我去了哪里？连我

自己都不知道。

"呀，你怎么哭了？"

"没什么，沙子迷了眼睛。"

脑海里突然就浮现了你在微博里写的几句话：

哪怕我笑得再用力，我也是不开心的。

只有我一个人，这样就不必担心会有人把我抛下了吧！

日本到处都有樱的身影吧！

……

"这该死的沙子，怎么揉也揉不出来啊！"我不住地揉着两只眼睛，既像是在告诫自己，又仿佛是向他们解释。四周一片寂静，透过指缝，我这才发现教室早已空无一人。

将两只手垂下，我看见了左手边上的一张白纸：想哭就哭出来吧，会舒服一些。是同桌秀美的笔迹。我怔怔地盯着纸发愣，苦涩的液体又一次不经意流出，一滴一滴，划过脸颊，打在白纸上，发出清脆的声响，白纸上的黑字顿时模糊一片。

樱是我的小名，唯有你知。

樱　魂

可你不知道太多太多的事！

我说"我不想保护你了，你让我厌烦"的前一天，你奶奶来了电话。真的，你奶奶是一个很慈祥、很善良的老人家，完全没有你口里的那般凶神恶煞。你双亲的死亡让你对她恨之入骨。但重要的是，她爱你，很爱很爱。只是她在用自己的方式爱你罢了。你察觉不到她的爱，就像你察觉不到我在用自己的方式保护你一样。

你所察觉的一切都是要对方的直接表现，殊不知有些东西是不能直接表现的。直接表现的又未必是真的。

你奶奶很悲伤地哭了，她说你是她这辈子的心结，她求我劝你回日本，那才是你的家。她说我是你在中国唯一的牵挂。

我懂了，唯一的牵挂断了，白鸽才会乖乖飞回家吧！

而我更怕的是你在失去我后如何保护自己。你那么弱小，你要试着在自己身上找到安全感。我所能做的，只是在残忍地刺激你后，求助平常玩得较好的朋友去替我扶你一把。你不能再依赖我，不然你所受到的伤会更大。

而我宁愿你恨我，也不要你受到伤害。

你孤独地站在逆光中，我偷偷躲在那棵我们曾一起许下"永不分离"愿望的松树下看着你孤傲的身影一片迷离。看着看着，就哭了。

那天上午，你一脸疲倦地跟同桌说想回去了，这里没什么可让你挂念的东西了。同桌告诉了我，我笑着拨通了你奶奶的电话。

"奶奶，时机成熟了，带她回去吧！"

你或许早就察觉了什么，又或许什么也没察觉。

不过我已不是重点了。

樱从未离你而去，从未。朋友有的是情谊，利用的称不上朋友两字，而是买卖。而我哪怕利用了全世界，也不会利用你。

曾经有人告诉过我，樱花最美的时候，不是它开得如火如荼的艳丽时分，而是在它即将死去之时，每一朵花细碎的花瓣都凋零于空中，纷纷扬扬的。

樱花落的时候，最美。

我们的友谊也如同这樱花，虽然凋零了，但，最美。

年华里最美的你

唯念水

阿演，你不会知道，你的出现，慌乱了我整个青春。

1.醋意横飞的那年

那是一段流行交笔友的日子，忘了是谁，是什么样的默契，让我们有了文字的交流。文字，本身就是世间最纯洁的沟通方式，在那最纯洁的时间里，就这样遇见了属于我们的天堂，小心翼翼地插上以文字为名的翅膀。

在那些不事雕琢的字里行间，诉说的只是每天的琐事还有彼此的鼓励、彼此的约定。将那叠厚厚的纸，一张一张认真地铺开，竟闻到岁月洗涤后残留的丝丝墨香，看见时光在流淌。

你说压力大，你说想念爸妈，你的忧伤，一字不漏地被我珍藏；你说进步了，你说平静了，你的喜悦，一点一滴流进我的心间。那些少女最隐秘的心事在羞涩的纸张上晕出来，想象你描摹那些文字时欲语还休的可爱模样。

你寄过来的信，总是密密麻麻填满了心事；我回复的文字，也总能席卷满满几页纸。渐渐地，开始有小笔友抱怨，她们说："你写给演的信总是那么长，给我们的却……"我只是一不小心，嗅到了字里行间羡慕的味道。

也曾在妹妹的纸张上，看到满满一页的抱怨和吐槽。她说："每次都是打听演，每次都是关心演，到底我是亲妹还是演是亲妹？"然后我便开始傻笑，原来一向恬静的妹妹也会因我对你的好而"吃醋"。

这些，是你不知道的，那些醋意横飞的故事。

2.还有我在乎

手机屏幕上那些你发过来的消息，想象你躲在被窝里泣不成声的模样，开始心疼。

你说即使很努力，也还是没有足够理想的成绩；你说害怕家人拿妹妹跟你比较；你说看见邻家哥哥考到好高中时他的父母欣慰的笑，竟在担忧自己不够优秀会让爸妈失望；你说会莫名其妙难过，偷偷掉眼泪；你说也许这个世界上没有人是真正在乎你的。你诉说着恐惧，倾吐着担忧，在这本该笑得灿烂的年纪，你却有那么多的伤……

是啊，你本就是江南水乡的女子，是水做的女子。但纵然百般阴柔，骨子里透着的却是不服输的倔强。你不是天生的王者，只是身体里涌动的是不让自己低头的血液。你的脆弱从来不轻易展露，我懂。

可是傻丫头，即使所有人都不在乎，还有我在乎啊。我们都是同样的人，你的难过，你的快乐，我都懂的。也许越长大，就会有越多不知名的忧伤，可是这世界上，真正值得难过的事情又有多少？快乐总是比痛苦多的，因为活着的每分每秒，只要不难过，就都是快乐的。我们总要学会珍惜眼前的一切，时间在往前走，谁都没有后退的资本。

然后看到你笑了，脸上却分明带着闪闪的泪珠，那是幸福的泪吧？于是我也笑了。

3.完美主义不是错

总是会有对自己这样那样的不满，这里那里的挑剔，你说自己不够优秀，不够完美。

所有人都想要有一个完美的自己，可是亲爱的，你知道吗？你所拥有的，是很多人都羡慕不来的。很多东西不是一朝一夕之间就能懂的，很多事情不是一朝一夕之间就能洞彻的，但是至少现在的你每分每秒都在沉淀，把那些不完美的地方一点一点剔除掉，然后渐渐优秀。我知道不完美才是幸福，可是完美主义并不是错啊，哪怕这是错，哪怕已无法更改，那就一路蜕变下去吧。

我始终相信，只有对现在的自己不满，才能在未来的日子里一步一步寻到突破。因为不完美，所以有了追求，所以想变优秀。也许现在的你还是被时光推着往前走，很多深埋心底的梦还无力去实现，但是终有一天，可以让时光为你停留，停留在那些你珍惜的时刻；终会有一天，错过的，曾以为是遗憾的，都会在岁月的长河里渐渐被搁浅，不再忧伤。

我们都固执地守护着那四个从未谋面的少年，在心口一遍一遍描出他们的名字。"Road To Asia……Road To Asia……RTA……RTA……"即使他们已经解散，即使很多人已经离开消失不在，即使这样，我们都还是固执地称自己为彩虹糖。那四个陪我们度过一个又一个挑灯夜战的夜晚的少年，那四个给梦想指引方向的少年，那四个带来无穷正能量，让我们哭让我们笑的少年，怎可以就这样放下？你做不到，我也做不到。我们都没有追星吧，我们只是追心。

在闪闪发光的舞台上，他们还在演绎着少年进化论的传说，所以我们不能停下追逐的脚步。每一步，每一次，都是为了更优秀一点儿，更完美一点儿，只有这样，才能离他们更近一点。这样的完美主义，不是错，你说呢？

4.未来的未来

我有没有告诉过你，我想背着相机去寻一路旖旎的风景？我有没有告诉过你，我把旅行梦安放在一个小小的角落里，即使阴暗，也能任它肆意狂长？我有没有告诉过你，梦境里常会闪现那个叫厦门大学的地方？三年高中拼一个大学梦，这是从一开始就偷偷许下的诺言，我在路上挥洒汗水，只希望三年后守得一场春暖花开。我有没有告诉过你，捧一本好书，品一杯香茗，在氤氲的空气里享受墨香与茶香交织的美，也是一个无与伦比的场景？还有许多天马行空的想象，现实再残酷，也挡不住我们对未来的期待。

我们都是有梦的孩子，都是珍爱文字的孩子，在青春的旅途中痛并快乐着。既然有梦就带着少年们所给予的放肆的勇气一路狂奔吧！未来的未来，就由自己来主宰，可好？

演丫头，通往梦想彼岸的路再难走，也要一路坚持下去，勇敢点儿，姐会一直在。要相信，未来不会亏待现在拼了命努力的你。

——致，年华里，最美的你。

浅 蓝 回 忆

黄晓晴

当苏凌拎着行李，伴着耳机里《英雄交响曲》的节奏，悲壮地踏上黄色校车时，他已有随时"为书捐躯"的心理准备了。

听老前辈说，三年的付出不一定有回报，拼搏也不一定能考上理想的大学，但依然要努力。他们说这话时，像极了少林寺的老和尚，看破红尘，藐视一切。

苏凌还来不及憧憬高中生活，他的左耳机就被狠狠地拔掉了。"什么歌呀？"楠楠边问边将耳机塞进自己的右耳，"Beyond的《冷雨夜》！呵呵，现在阳光明媚呢！"楠楠向他抛来嫌弃的眼神。

苏凌微微一笑，什么也没说。其实他心里清楚，楠楠是想逗他笑，只不过她的幽默向来使他无语。

相识的三年时光，说长不长，说短不短，足够让他们了解、信任彼此。就像三年前，他们在茫茫人海中相遇一样，不早一步，也不晚一步。

有点儿泛红的阳光透过车窗射进来。苏凌面朝阳光，看着蔚蓝的天空，却感到时光微冷。他回头看了这个小镇一眼，从南到北。榕树下星星点点的光斑，幽静的小路，小镇的瓦屋……坐在开往城市的校车里，他现在只能看着路边一排排向后倒的树……

学校总是朝令夕改，计划赶不上变化。不过，"禁止恋爱"这条禁令倒是从未更名，还拟出"抛弃七情六欲，立地成仙成佛"的宣传标语。

这条禁令，也是"老班"唠叨得最频繁的——"有些同学，打水时非得两个人一路卿卿我我地去，又一路卿卿我我地回来；有些同学呀，趁着夜宵时间去暗角约会，你以为天黑没人看见啊？还有些同学哟，回宿舍非得黏着一块走，黏到宿舍楼下还恋恋不舍缠缠绵绵藕断丝连！不要太明显了，低调，再低调！"据说后来，"老班"还使出"重点突击，各个击破"的神招，至于效果如何有待情侣透露。

话说"老班"当众点名，将他所知道的情侣都数落一通后，每个人的大脑都长出一根对"恋爱"十分敏感的神经，哪怕你真的跟"恋爱"不沾边。楠楠就是很好的例子，虽然她确实没跟苏凌恋爱，但是他们感情太好，难免遭人嫌疑。

不过苏凌倒是很淡定，他不在意那些闲言碎语，也理解楠楠所做的一切。那次，他和楠楠碰巧都在饮水机打水。楠楠打完水后匆匆走开，没等苏凌。苏凌抬头看时，发现"老班"正朝饮水机走来。他这才恍然大悟，难怪那丫头不允许他帮她打水、带夜宵……

不得不说，他们为高考绸缪得真多……

苏凌忘了这是第几次，看着楠楠趴在书桌上哭。

苏凌喝了一口热茶，望向窗外，外面是苍茫的天。冬天的阳光总是淡淡的，还带了点儿莫名其妙的伤感。苏凌缓缓地收回视线，环视空荡荡的教室，感到一种从未有过的空虚。眼前这个陪他嘻哈了近六年的女孩儿，更让他感到茫然。

他走到她身边，将他的外套披到她身上："知道吗？冬天哭容易感冒的。"其实他知道，是什么委屈让她这么难受。她很努力了，只是成绩不拔尖，一直得不到老师的肯定。

到底该如何安慰？不知道。与其看着她不快乐，不如让她哭出心中的不快。

很多难以言说的委屈，楠楠都选择了默默地承受。这些不美好，交给岁月去冲淡。从今以后，他都不会问，她也不会说。

高三了。有人说，成绩是最好的代言，最低调的炫耀。苏凌一笑而过，他拥有漂亮的成绩，却不喜欢这句话。有些人，一考完试就急着对答案、探听成绩、揪心排名。苏凌不是觉得这样做不好，只是觉得会很疲惫吧。

每次放假，苏凌都会等楠楠，然后一起去搭校车，一路聊着回家。这时候楠楠会向苏凌发布最新资讯，其中大都源于女生宿舍的八卦。

"哎，你知道吗……"

"不知道。说！"每次楠楠问"你知道吗"的时候，苏凌总是习惯性地打断。

"小鱼喜欢雯雯！"

"哦，何出此言？"苏凌摆出一副很想知道很配合的样子。

"小鱼常给雯雯送吃送喝的，还四处打听雯雯的鞋码。就在昨天，一双合脚的运动鞋快递过来了！上次雯雯发烧，他比谁都急，到处找药！上上次雯雯生日时，他给她送了个变色杯，一倒入开水就浮现他俩的合照。换作是我，肯定感动死！"

"死了没？"

"又不是我！"

"我记得我也给某人买过吃的喝的，怎么就还没感动死呢！"苏凌特意把"死"字念得很重很重。

楠楠很鄙夷地盯着苏凌："那是我自己付的钱！"

"说的也是……"苏凌不得已露出招牌笑容，挡住她射来的想打架的目光。

苏凌边笑边看着眼前这个野丫头，怎么说呢，自己确实没给她多少很美好很感动的回忆。默默地陪伴、默默地支持……他还是习惯"默默地"。

高考后，两张通知书划开了六年来未曾有过的距离。

那是香港与广州的距离。

苏凌第一次给楠楠打电话时，两人还是说得天南地北。后来的忙碌让彼此都忘了联系。之后打电话时，楠楠都会习惯性地问"有事吗"。苏凌没有感伤距离带来的变化，哪怕电话似乎变成只在有事时打，节日问候的短信似乎是群发的。这都无关紧要，只要彼此都好好过、过得好就行。

"我会怀念我们的过去，想想也挺美好的。那你呢？"

"我回忆你时，脑海总浮现你开心时哈哈大笑的样子。那你呢？"

"去看海那天，海是浅蓝色的。我还记得，天空也是浅蓝色的。最后你说，回忆也是浅蓝色的。我都记得呢。那你呢？"

　　……

　　苏凌最终没把那三段话发给楠楠。因为——

　　楠楠已经抢先一步，发给他几近一样的话……

一季青春，多少年华

胡 同 深 处

浅步调

> 每条胡同都是活着的历史，都有讲不完的故事，从前的达官贵族，现在的平常百姓，他们不经意地走过，我用心地触摸。石头不言语，却看尽世事，让心回归到了最纯净。

北京的冬天，一下雪，北京就成了北平，去后海、去南锣鼓巷、去胡同，一下子就穿越到了明清。

周末，有积雪，有时间。起床洗漱，整装完毕，背包，开始我一个人的旅行，朝往南锣鼓巷的方向。公交地铁、地铁公交，糟糕的是，下车后的我还是不可避免地迷路了。北京这座城，仿佛谜一般，待多久也还是难以熟悉。小心翼翼地问路，得知错误在于多坐了一站。折返往回走的时候，才发现因为我出发早，看到了大雪后的北京，难得宽阔且冷清的街道，我围着新买的红色围巾，心情竟也随着这抹红色跳跃了起来。

南锣鼓巷的横匾出现在眼前的时候，还是狠狠地兴奋了一下。走进去，板砖铺成的路，灰墙灰瓦，没有高楼，没有大厦，没有车行，没有笛鸣，就这样，隔着时间的距离，触摸老北京从前的记忆。

来得还是太早，南锣鼓巷还没有睡醒，只有稀落的游客和零星开门的店面。入口的石板上介绍说南锣长七百八十六米，宽八米，我用了将近一个小时的时间用心走路，用心地看了每个店的外面，拍下心有灵犀的喜欢。于是很认真地猜测，在南锣鼓巷，每一家店的店主应该都是内心丰富的人。过客，喜鹊，陶笛公社，小新的店，创可贴8，或忧伤或脱俗或孩子气，每一个都是用心细致地雕琢。不用走进，就能触摸到它的气息，遗世独立，不染尘埃。

庆幸还有八条东西整齐并列的胡同等我漫步游逛。大雪过后，更显清净。红漆木门，碎纸窗花，手放口袋，戴着耳机，在曲曲折折的小巷里，绕进去，走出来。我听到清早依旧清脆的叫卖声，还有门后熙攘的生活叮当声。老大爷锻炼回来了，孩子拿着面包跑远了……

每条胡同都是活着的历史，都有讲不完的故事，从前的达官贵族，现在的平常百姓，他们不经意地走过，我用心地触摸。石头不言语，却看尽世事，让心回归到了最纯净。

　　于是忽然懂得了，原来时间的长河里，我们是这么微不足道。那些是是非非，原来只是云烟。别去抱怨生活总是烦恼，别去恨谁谁谁，别总是忧伤和不快乐，一生不长，试着去微笑对待每一种天气，试着去原谅每一个不得已的过错，试着去珍惜每一次遇见的每一个人。我们不知道，时间无痕，总是匆匆而过。

　　……

　　走完胡同，日已渐中。我又回到那条长巷，喧闹得让我恍惚以为与早上所见的不是同一处风景。这才更像是北京吧。全速地向前运转着，总是人来人往。我们隔阂了彼此，戴上了面具，在这个复杂的世界里做着北漂，寻找着自己的一席立足之地。

　　我笑笑，转身涌进人海中。

淼淼的情书

李慕白

20××年4月1日，淼淼收到一封情书。

1

其实淼淼一点儿也不像女孩儿，一点儿也不。

总是穿着宽宽的衣服，留着短发，是个整日大大咧咧的假小子，怎么可能会像女孩子。所以啊，怎么可能会有男生喜欢我呢。淼淼想。但是还是忍不住把揉成一团的情书拿出来小心翼翼地展开，上面的字迹清晰，略显潦草，只是很短的一句话："淼淼，我喜欢你。——Y"

搞笑。

淼淼看完这段文字，又忍不住要揉成团丢掉，犹豫了一下，又放下来，展开，铺平，夹在平常的日记本里。

署名居然是一个故作神秘的Y，难道是有人想恶作剧吗？淼淼有些忐忑。撇了撇嘴，又开始想着那神秘的Y。

难道……是袁焕？

袁焕是淼淼班上的体育委员，长得高大帅气，每次淼淼经过篮球场总能听见许多女生大声尖叫着他的名字为他加油。

不会吧。那么受人欢迎的袁焕会给我送情书？

淼淼一边想着，一边偷偷转头去看袁焕。他正坐在座位上听着同桌兴奋地说话，偶尔眉飞色舞地插上一嘴，似乎从来身边都阳光满满，光线在他身边从来不吝啬自己的充足。

突然谁拍了一下淼淼的肩膀，淼淼吓了一跳，转过头来发现原来是坐在前面的叶羽。

"嘿，淼淼，你在看谁看得这么入迷啊？"

淼淼瞪了他一眼，有些心虚地不敢回答，只是打了个哈哈："我在看后面的钟啊，原来快上课了。"

说罢偷眼去瞧叶羽的表情，生怕他发现了什么。

叶羽是淼淼从小到大的冤家。他们两个人从小吵到大。幼儿园的时候叶羽曾以为淼淼是男孩子，淼淼当即站起来反驳，于是两个人从淼淼是不是男孩子一直吵到了男女平等的纠结问题上，两个人在课堂上针锋相对互不相让，最后淼淼气得实在按捺不住火气，也懒得和叶羽再废话，一个跨步冲到叶羽跟前狠狠掐了叶羽一把，叶羽当场被吓得在所有老师和小朋友的面前大哭起来，搞笑的是，淼淼当时看到叶羽哭，居然也不甘示弱，也当场哭了起来，最后越哭越大声，大有把叶羽的哭声彻底压下去的阵势，吓得叶羽连哭都不敢哭了。从此叶羽就成了淼淼的半个跟班，从幼儿园吵到小学，从小学吵到中学，一直没有分开。

2

为了制造和袁焕搭讪的契机，好吧，按淼淼的说法是为了接近袁焕调查真相，那个礼拜淼淼像私家侦探，摸清了袁焕回教室的路线。

有人敲了敲淼淼的桌子，抬起眼来，看到叶羽的脸。

"该回家了。"他说，"已经下课有一段时间了。"

淼淼向后靠在椅背上，抬眼看向窗外。

那是一个初秋的午后，阳光明媚。

淼淼眯了眯眼睛，其实她就是在等，等这个时间。但是她可不敢告诉叶羽，只好敷衍道："我知道了。今天有事，就不和你一起回去了。"

叶羽下意识地要问可不可以帮忙，但是看到淼淼的目光，沉默了。

淼淼赶在袁焕出球场前等在出口。人来人往的体育场出口，她一眼就认出了那个身影。

是袁焕，袁焕。

淼淼开始低头往前快步冲，在袁焕出来的时候正好撞在袁焕身上。

淼淼那一瞬间紧紧闭上了眼睛，觉得自己的身体跟着心脏抖动了两下。

哗啦啦。

淼淼手里的书全都掉在地上，日记本微微露出情书的一角。

"对不起！"淼淼连忙道歉。

袁焕低头，淼淼抬头，正好对上他伸出的手，还有那明媚如阳光的笑："淼淼，下次要小心一点儿。"

淼淼顿时感到一道电光从眼前霹雳而过，不可思议地维持着那个跪着的姿势盯着那张脸看了足足三十秒。

袁焕见淼淼一脸吃惊的样子，笑了笑说："我记得你的。你总是坐在座位上不说话。"

难道真的是他？

不然怎么会注意我这么久，连这个细节都清清楚楚。

袁焕见淼淼一副依旧出神的表情，不由被逗笑了。淼淼生气地瞪他一眼，"还不快点儿帮我拣书？"

"来了来了。"袁焕也半跪着，手若有若无地划过情书，又快速地溜走。淼淼自然注意到了这个细节，心里微微一颤。

男生的这些动作都让对他有些许好感的女生心里不

自然地一抖。淼淼觉得自己的脸在逐渐发烫，于是假装有事："嗯，啊，我……我还要回家呢，袁焕你也早点儿回家吧，再见。"带着那些杂乱的暧昧想法匆匆收拾了书，临走时日记本里的那张纸被淼淼抽出来，紧紧攥在手里。回到家的时候发现全都被汗水打湿了，皱巴巴的。

淼淼的指尖滑过被汗水浸染得字迹模糊的情书，心里一片杂乱。

只是要破解这个谜而已，就像是福尔摩斯一样。

淼淼暗自想着。

那张纸又被小心翼翼地铺平，安放在女生的日记本里。

3

淼淼开始以朋友的身份正式进入袁焕的世界。也许。朋友是第一步，哪一个男女朋友不是从朋友开始的？叶羽这样教导淼淼。

每天见面只是打招呼的两个人真的开始渐渐熟悉了起来。淼淼不由有些感叹叶羽。每天放学担任淼淼的护花使者的也不再是叶羽，而是和淼淼谈笑风生的袁焕。

淼淼问他为什么会喜欢打篮球。

那个男生表情肃穆庄严："因为，它在那里。"

淼淼盯着那张脸望了好久，心如擂鼓一样。

有一些改变是那么明显。比如，淼淼不再不修边幅，她开始留意自己了。

比如，淼淼已经坚持着要留长头发，甚至不惜逃过几次检查。

叶羽趁着下课的时候回头意味深长地看了淼淼一眼："你最近有些心神不宁。"

淼淼一惊："是吗？"

"但是淼淼，我想提醒你一句，其实袁焕不像你想象中的那样。"

"你怎么知道我想象中的袁焕什么样！"淼淼突然噌地一下站起来，"我才不要你管！"

彼时的袁焕，是远近闻名的校草。那个时候，袁焕甚至有自己的啦啦队，听说还有传说中的女友。

这些都是叶羽告诉淼淼的。可是淼淼不信。

因为她曾经在回家路上看见袁焕半跪在路边和一只大狗玩耍。那时仿佛整个太阳系的光都聚焦在他的身上，飘浮的光点仿佛要生生把人的眼睛照瞎。淼淼想，一个这么热爱着篮球的少年，一个如此亲和的少年，一个如此灿烂的少年，怎么会如叶羽所说不是她想象中一般？

袁焕总是在到家的时候才问上一句："我到了。你家远不远？"

淼淼嘴上说不远不远，心里却听见一个声音在嘀咕：绕了这个城市一大圈。

但是望着袁焕远去的身影，依然感觉到自己的心在没出息地乱跳个不停。

4

就在淼淼在日记本上写下第六个"正"字的最后一笔的时候，淼淼已经陪着袁焕走了整整三十天的回家路。也就是说，淼淼已经陪着袁焕从4月的鳌头一直走到了尾巴尖。淼淼觉得，有必要去向袁焕坦白了。

淼淼满怀期待地把单车停靠在去袁焕家必经之路的奶茶店旁，等待着他的出现，然后准备把冗长的告白告诉他。

袁焕听到会有什么反应呢？激动？兴奋？意想不到？淼淼一边惴惴不安地等着袁焕，一边给自己加油打气的时候，远远似乎看到一个和袁焕身形相近的男生缓缓靠近。淼淼眼中喜色一闪而逝，正要站起来朝他挥手，突然捕捉到袁焕身边的另一个纤细的丽影。所有的声音都被凝固在喉咙里动弹不得。

淼淼僵硬地保持着那个姿势，眼睛一眨不眨地盯着那个方向，从来没有像此刻这样迫切地希望那并不是他。

不是他不是他不是他。

然后，一步，两步，三步……

仿佛过了很久，又仿佛只是一瞬，淼淼看清楚了那张脸，曾经认为阳光的、灿烂的笑脸，现在正把笑贡献给另一个人。

那些一起走过的时光仍历历在目，少年谈起篮球时肃穆庄严的神情犹浮现在眼前。

那的确是袁焕，只是，只是，在他身边的是另一个人。

淼淼握在手里的信已经被攥得不成形状。

其实淼淼应该猜到的。像袁焕那般俊朗的男生，身边怎么可能会少了各色蝴蝶？

只是，只是，像自己这样的假小子，怎么可能会有人喜欢呢。

不可能会有人喜欢的！

5

淼淼突然听见头顶传来一声浓重的叹息声。淼淼抬起头发现自己还在教室里上自习课，周围十分安静，仿佛那声叹息从来没有出现过。

仿佛那一切也从来没有发生过。

窗外阳光灿烂，天空湛蓝，风吹过翠绿树梢，枝叶的影子纠缠在一起，一地斑驳。

仿佛刚刚大梦一场，什么都没有开始，什么都来得及。

也许还没有收到情书。

也许还没有开始动心。

也许还来得及说再见。

但是，淼淼只是深深地，深深地叹了一口气。

那天的一切终究还是被想起来，袁焕那天终究是如此大摇大摆地消失在淼淼的视线里，淼淼瘫坐在座位上，绝望地闭上眼睛。叶羽不知从哪里冒出来，把她带出了奶茶店。

没有言语。淼淼一步三回头，想要喊住那离去的背影，想要大声地向他询问，想要狠狠地和他争吵。

只是一切都泯灭在叶羽伸来的手掌里。

"我们回家吧。"

回家吧。

那些都已经是时光穿过手掌的细碎沙石，那些都只不过是淼淼一个人的伤心付出。应该要回来的。

淼淼看看袁焕的背影，又看看那个依偎在他身边的倩影，恨不得找一个无人的荒原痛痛快快地大哭一场。

但是终究是没有。

只是红了眼眶，却倔强地留住眼泪。

叶羽叹了一口气："唉，你啊，有时候还真的是和男孩子一样的倔强呢。"

和男孩子一样……

淼淼又想起那封情书。

一切的一切的一切，归结到底，只是因为那封情书。

但是即使是那封情书，也许也不是袁焕写的，也许只是一场恶作剧。

但是自己却傻傻地当真了。

怎么可能。像自己这样不修边幅，邋里邋遢的假小子，怎么可能会有人喜欢呢！

淼淼气得拧了叶羽一下："我像男孩子？！"

叶羽疼得直吸气："你这样还不像啊？"

淼淼又拧了一下，但是心中还是忐忑。

"我真的像男孩子吗？"

叶羽愣住了，这句话被淼淼无数次质问他，直到连淼淼自己都说，我就是假小子。但是没有一次是像这次，真真切切地带着可怜巴巴的询问意味。

"是啊。"叶羽突然这样蹦出一句，淼淼愣了一下，差点儿又要向他伸出魔爪。

"但是假小子也是女孩儿，也会有人喜欢的。"叶羽声音生硬地给出了下文，随即撇过头去，"回家吧，假小子。"

淼淼半真半假地在后面抱怨："我怎么会有你这么一个死党啊！"

是啊，叶羽为什么要和一个假小子，一个常常欺负他的假小子做朋友啊？

而且，一做就是十七年。

6

森森戳了戳前面男生的后背："喂，叶羽。"

"什么？"

"帮帮忙，这道题不会解。"

叶羽拉着椅子反坐着，双臂搁在椅背上，头就伏在自己的臂弯里，微微侧着眼，静静听森森讨论这道题。

森森觉得叶羽长得其实还不错。他细碎的刘海儿柔顺地垂在额角，眼睛清澈透明，嘴角总是挂着一抹从容而温和的笑容，平时更是文质彬彬，说话做事让人挑不出一处不好。

这样的叶羽，想必也是和袁焕一样受欢迎的存在吧。

会不会也有女孩儿，等着给他寄来情书呢？

一时走神。

回过神来，叶羽已经拿着纸笔伏在那里算那道题。

看起来他似乎做得很认真，所以森森不敢中途打断他，只看着他皱眉，在纸上涂涂画画。不时用笔戳戳额头，还是和小时候一样。只是过去大声啼哭的男孩儿已长成翩翩少年佳公子，也许变了，也许没变。

他算着算着，突然下笔快了几分。森森知道那是因为叶羽已经计算好答案的关系，也探头去看，叶羽却把答案分成两份："这一份是标准答案，万无一失。但是这一份，则是我给你的答案，天下唯一。"

森森接过两份答案，标准答案十分正常，但是另一份答案上却只写着几个乱七八糟的符号和数字："I 中 ① Y1314。"

森森有些哭笑不得。他这算什么答案，和这道题根本一点儿关系都没有。但是叶羽双眼却亮晶晶地望着森森，像是满怀期待："森森，你要记住这个答案哦。"

森森不知道为什么一个莫名其妙的答案会让叶羽郑重成这样，但是到了那个时候，森森似乎也不能说什么扫了叶羽的兴，淡淡笑了笑，收拾了桌子上的东西："出去走走吧，已经下课了。"

7

后来森森升了高三，复习，考试，每天都排得满满的。

又后来，因为安全问题，森森父母同意让森森坐巴士上下学。但是叶羽依旧坚持把森森送去汽车站。

结果有一次汽车晚点了，森森等了很久也一直不见有车。叶羽便一直守在她旁边，沉默不语。

其实森森能感觉到叶羽有话要说，但是他仍一直没出声。他的这种沉默让森森有些不安，加上巴士迟迟不到，森森有些焦躁起来。

叶羽静静注视着淼淼，突然轻轻叹了一口气："淼淼，你就那么想离开我身边吗？"

淼淼愣了一下："什么离开？"

"你最近很少理我了，现在因为搭巴士回家，我们的交集更少了……是不是我做了什么让你不高兴，所以你要离开我了？"

淼淼也不知道该怎么回答他，不知道那是为什么，所以心就乱了。

叶羽只坐在那儿，深邃的黑色眼睛看着淼淼，轻轻地，一字一句地说："我希望那班车永远不要来。"

淼淼皱了皱眉，还没嚼透这句话的意思，远远已经可以瞥见一辆巴士驶来，连忙起身招手。

汽车晚点了近三十分钟，但终于还是来了。

叶羽趁淼淼还在挥手的时候朝淼淼喊："淼淼，你还记得高二的时候我给你的答案吗？"

什么答案？淼淼脑里一片茫然。

他看着淼淼，眼里的光亮渐渐熄灭下去。他叹了口气，轻轻说："没办法呢。"

没办法没办法没办法呢。

"无论如何，还是入不了她的眼，进不了她的心。"

他这样的声音，像是被隔了很远很远，远到两人之间隔着咫尺，又隔着天涯。

淼淼僵在那里，去无从反驳。

叶羽轻轻抱了森森一下，在她耳边轻轻道："如果有一天你想起来了，请一定要来找我。"

没等森森来得及回答，叶羽已经把森森推上了刚刚驶来的汽车。森森可以从窗外看到叶羽含笑的脸，可以看到他把手放在嘴前做喇叭状，冲她喊着什么。

但是一面玻璃挡住了绝大多数的声音，车上更是嘈杂。森森赶紧拉开窗，什么都顾不得地伸出头去问："什么？"

巴士喷着尾气，笔直地向前驶去。叶羽一面跟着汽车跑，一面大叫。风声、巴士上的广播声、旁边阿姨的抱怨声、对面小孩刺耳的哭叫声……

于是森森始终没听清楚叶羽在说什么。

8

后来森森如愿以偿考上了理想中的大学，在整理自己高中这么多年的资料的时候，无意间发现在一本参考书里夹着的两张纸。一张是标准答案，上面思路清晰，是熟悉的笔迹。另一张却只写着乱七八糟的符号和数字："I 中① Y1314。"

现在的森森当然不会再是以前那个什么都不懂的黄毛丫头了，曾经的短发也蓄成了中长发，也不再像假小子那样大大咧咧了。

她饶有兴趣地问身边的闺密："这都是些什么呀？"

"哎呀，淼淼，这你都看不出来啊？这是一封情书啊。这上面的意思是：我中意你一生一世啊。"

在闺密滔滔不绝的介绍中，少年时的记忆像是打开了阀门蜂拥而来。

有个少年的声音在记忆深处说："淼淼，你要记住这个答案哦。"

窗外阳光灿烂，天空湛蓝，风吹过翠绿树梢，枝叶的影子纠缠在一起，一地斑驳。

仿佛刚刚大梦一场，什么都没有开始，什么都来得及。

那已经是两年前的事了。

"淼淼。"闺密在唤，从她的神色可以看出她的脸色一定十分苍白。

"我……我有点儿不舒服，想休息一下……"

一整天的不在状态。

眼前全是叶羽的脸，各种年龄，各种表情，反反复复，来来回回。

最后全部转化成那日在车上，巴士喷着尾气，笔直地向前驶去，淼淼真恨不得回到当时，拍着车门跳下车。

淼淼不知道当年叶羽每次送她去车站看着她上车远去时的时候，是什么心情。

但是现在淼淼有一种叶羽从此就这样从她的生命里走

了出去，再也不可能回来的感觉。

叶羽啊！

叶羽叶羽叶羽啊！

耳边一直在回响着记忆里的某个声音。

"淼淼你要记得这个答案哦。"

"我真希望那班车永远不要来。"

"淼淼你还记得高二的时候我给你的答案吗？"

"如果有一天你想起来了，请一定要来找我。"

……

原来一生一世，也只有两年。

你叫我回来找你，可是我的眼睛再也找不到你，你已经遗失在我日记里的只言片语，遗失在那回不去的纯白时光。我亲爱的Y先生啊！

一场暗恋的伤

TT

1

单洛的声音带着一点点好听的鼻音，轻轻地叫我的名字。

想象中，这只是，想象。他会微笑着看着比他矮半个头的我，然后轻轻地靠近，附在我的耳边，说："其实，我喜欢你，很久了。"

然后，我就点头，抱他一下，很轻很轻地贴在他耳边，说："我也是，很久了。"

在之后，我们就牵手，扔掉手上所有的东西，一起跑出学校，什么都不管，在大街上、电影院、冷饮店看着对方的微笑，然后我们也微笑。

但是回到现实，我问他："怎么了？"

他微笑，只是微笑，声音淡淡的："没什么，就是问你一下，今天是不是要考试。"

我错愕着，点点头。

他说，哦。然后，他跑到另一个男生身边，说，今天是要考试。

我看着他的背影，嘲笑我的想象。

2

在某一个教室的门口，我和单洛不期而遇。

想象中，这只是，想象。我假装没有看到单洛，假装很傲慢地从他的身边擦过去。

然后，单洛的声音带着一点点的着急，叫我的名字。这时，我才会转过头，装成一副没有看到他的样子，说："哦，我没有看到你，你好，好久不见了。"

他就笑着说："没关系。"

然后我点点头："嗯，什么事？"

他会微微地脸红一下，说："嗯……没什么……就是打个招呼……"

我会装成一副失望的样子说："哦，就是这样啊……"

然后单洛摇摇头，说："不，不是的，还有……我想你了。"

然后我就笑了。

之后我们就牵手，离开。

但是回到现实，我看了他一眼，他却连看都没有看我，就这样直直地走过去，带着一阵风。

我呆住了，停了下来，回过头，看着他的背影离开。只是，他依旧没有回头，只是走进了一间教室，什么也没有给我留下。

3

几个好朋友和我谈论着我们班一个追我的男生的时候，单洛正好走过来。

想象中，这只是，想象。我会大声地故意说着这个男生，几个好朋友也开着玩笑说我和他的故事。

然后，单洛听见了我们的对话，微微侧过头看着我潇洒地走过去，呆愣在原地，伤心着自己没有好好地抓住我。

再之后，我满意地对朋友们说："其实我并不喜欢他，我喜欢的男生不在我们班。"

单洛听到这句话以后，马上回过头，眼睛里带着希望地看着我。我也回过头，对他点点头，然后等他走到我身边时，对朋友们说，他是单洛，我喜欢的其实是他。

但是回到现实，好朋友们说那个男生的兴致已经很少了，我努力地去提起他，她们只是撇撇嘴，说："你不要炫耀了，他喜欢的女生超级多的，说不定哪天就把你甩了。"

单洛好像是听到了这句话，看了我一眼，眼睛里带着讽刺和不屑，嘴角上扬的弧度就和所有电视剧里的反派一样。

我呆呆的，什么也没有再说。

4

中午和班里一个男生一起去行政楼开会，单洛和一大帮一看就是很有势力的男生走在一起。

想象中，只是，想象。我和班里的男生谈笑风生，眼角得意地瞟着单洛。

单洛有些失落地看着我和男生走过去，他回过头，叫住我。

我和男生回过头，问："单洛，你干吗？"

单洛有些呆滞，说："他是……你……"

我的嘴角勾起来，说："你别误会，我们只是很好很好的朋友。"

单洛的眼神似乎是放松了一点儿，说："哦，这样啊……"

我轻笑，说："你以为是什么？"

他没有说话，只是默默地走开。

但是回到现实，班里的男生似乎对我说的话有点儿不屑，没有太多人和我说话。

单洛边上的男生倒是和他说得很开心，隐隐约约，我听出了一个女生的名字，似乎已经是单洛的女朋友了。

我的眼睛里藏不住深深的失落，低下头，企图不让这种失落太溢于言表。

边上的男生终于稍稍觉察到了什么，问："你怎么了？"

我转过头，没什么，真的，没什么。

5

想象中，这只是，想象。

以此纪念我那一场暗恋的伤。

一季青春，多少年华

冯　瑜

时间的步伐如此轻盈，当我反应过来的时候，从夏末秋初开始的高三岁月已经在冬季伊始驻足了。

没念高三之前总对高三充满好奇，觉得那是一个神圣不可侵犯的领域，美好的愿望、暗淡的日子、孤寂的情感统统是"高三"的标签。真正身处高三，才觉得一切都只是不可迷恋的传说。高三除了是一个年级以外，什么都不是。

把我看过的书堆起来，便成了我高三生活的所有记忆，那些书的高度大概与我的身高差不多（尽管我个子小），这其中自然包括一本本课外书。

我想没多少人像我这样，高三了，课外书依旧一本接一本地买。有时候会一本又一本地看，更多的则是一本一本地放在角落里，等候某天想起，再拂去尘埃。

我曾经很无聊地对同桌说："我买了这么多书，很多都还没来得及看，如果地球一时不高兴，真来一个2012，那么我的书怎么办？"

"你悲剧吧你！"突然觉得她比我还无聊。

人比人会把人给比趴下的，尤其是无聊之人，于是我自我安慰道："不会发生这么悲剧的事儿，你说是吧？因为有我在！"

"自恋的家伙……"她不再理会还在自恋地喋喋不休的我，低头看言情小说去了。

有时候会呆呆地看着语文课代表抱着大摞大摞的试卷走进教室。顿时感慨：语文老师当班主任的班级，除了伤不起还是伤不起啊。

有时候则会安慰自己道：没事儿，多发点儿，毕业了就去卖试卷！然后用卖试卷的钱去买麻袋，为装大学课本去卖废纸做准备！

我的宏伟计划自然被语文课代表泼了冷水："你确定能买得起一个麻袋吗？"

我装出一副毫不在乎的样子，摆起历史课代表的架子来："没事儿，我这儿还有历史提纲、历史试卷、历史练习册和历史图册……"

独自傻眼也好，聊以自慰也罢，都抵挡不了时而铺天盖地、时而风平浪静的"试卷风暴"。练习卷还是得写，得上交，提纲依旧要背，要默写。

我不知道一年下来，一张张薄薄的纸张能不能绕学校一周，但之前的千万张试卷都只是为6月份的答卷做的一个长长的铺垫。也许最后的答卷不尽如人意，也许它会有一个出乎意料的结果，无论如何，一张张卷子之中，或多或少都承载着年轻的努力与拼搏。

高三是一群人的，而世界是大伙儿的。

地球在转动，日子在流淌，我不知道数着日历过日子的学生是不是好学生，但看着某一天有一个小假期，对未来就会多了几分盼头——看，再过××天就可以放假了！

小时候放假是为了可以去公园玩，长大一点儿了盼着放假回家看电视，再后来为了可以逛街上网玩游戏，如今只想在家多睡一会儿。

可是，这往往是事与愿违的。

当每天睡到自然醒却发现天还没大亮时；当生物钟的睡眠时间习惯性地少于八小时时；当懒床成为受到良心谴责的事情时；迎来的唯有强打的精神和经久不衰的"国宝眼"。

自毁形象如此，还厚着脸皮告诉别人：看到没有，这是高三的标志之一呢！我用功是吧？

在名为"高三"的纪念册里，更多的宽度和厚度成了等待被时光冲洗掉的沙粒，成了理所当然的存在，成了不值一提的过往。

每一分钟，每一小时，每个白天，每个黑夜……这些有尽头的数字，组成了高三的所有。

我想，一季青春，多少年华。都不会因为一年的高三时光而结束。我们依然年轻，依然拥有理想和激情，依然积极和向上，便可。

温暖的男孩儿

苏蓝羽

在医院的后面有一片宽阔的草地，我和艾昕在那里看漫画书。

"初三时阿澈和我同班，在那时我才算真正认识他。之前老师提起他时总是说阿澈有多么认真多么乖，我常常在想他是什么样子，剃平头？面无表情？只会埋头读书？可见到他时却有点儿反应不过来，头发卷曲，据说是天生的，脸上挂着恶作剧小孩儿那种没心没肺的笑，抽屉里都是漫画书，只有这点猜对了，他的确是'埋头读书'。"

"你在讲你暗恋的男孩儿？还是……"我迟疑地问。

"是朋友啦。"艾昕看起来已经好多了，语气里没有披着什么负面情绪。

"你心情好了？"

"嗯，好点儿了，继续讲他会完全好起来。阿澈是个让人很安心很温暖的男孩儿。"她轻轻地笑了，好像想起什么。

"你很幸运，遇到这种男孩儿。"我开始收拾漫画书，刚才太入神地听她讲忘了收进包里。

艾昕摇摇头，往后一仰躺在草丛上："像你所了解的，我太安静了，又喜欢胡思乱想，如果早上来学校发现自己的椅子被人换成轻轻一摇就会散架的椅子，我一定会认为有人讨厌我才故意做这种事，然后请假不来上课。"掠过云层的光斑掉进她的瞳孔里，闪着名为愉快的光。

"你常常这样做？"

"嗯，经常，只有一次我例外了……"

她没有继续说话，闭着眼睛像在回忆什么。

"艾昕，是他帮你的？"

"对，他把我的椅子和他的交换了，搬过去时还用淡淡的口吻抱怨说：'我的椅子怎么老被换掉？'说的时候没有一点儿怀疑我换他椅子的意思。"

"你是不是该回教室了？"我看着手表上的分针慢慢走向和医生预约好的时间。

"没关系，下午不上了。"

"就因为月考名次倒退的事？"

"不是，虽然被班导骂，但我只是不想惹他生气，他说过见到我血压就会噌噌地上升，没了我，他会更舒心。

"我和阿澈在学校其实没说过几句话，我不善于与人深交，他却能轻易混熟每一个人，除了我。大概我和他是死对头吧！性格又不一样，老师们又那么喜欢他，我和他会深交才怪呢！可是，当我们上了高一以后，不知不觉地，就变成了每周互通短信的朋友。他说着他的学校，偶尔会发出'好痛苦啊'的发泄，重点高中，压力本来就大，读书，读书，他的老师每天都是举着这两个字逼他学物理化学。相比下来，我的学校反而很温和，没有紧张的氛围，也没有逼学生读书的老师，只是，我仍不想上学。

"有些人，天生就是适合学校的，也有些人，天生就不适合学校。那种排斥，不是讨厌、不是憎恨，是自由，是喜欢自由，所以这样的人，是很容易被淘汰的。那时的我，也就是一年前的我，脑里开始出现自杀的意识，我在空间发表过很多关于我想自杀的文章，但没人看，没人注意过我。于是，我不再写了。

"开始和阿澈聊的时候，我问过他，可不可以当我的邮筒？他想都没想就答应了。对着这样坦率的人，我反而说不下去。不知用什么借口推脱不说时，阿澈回了我一句'其实我也想死死看来着'。他是个很勇敢的男孩儿，说想自杀的人，大都被当成疯子，他却不怕。我很怕，怕他不懂我，怕说出真实想法被当成疯子，怕没有人听我讲话，可他做到了，阿澈真的是一个让人很温暖的男孩儿！"

我仰起头看着艾昕注视的天空，大片大片的云呼啸飞

一季青春，多少年华

过，午后的阳光散发出青草的味道，很温暖，像那个男孩儿一样。

艾昕突然站起来，回过头认真对我说："哥，我想回教室了，阿澈让我好好读书，我还要和他一起上同一所大学！"

"好，我送你进去。"我起身牵着她的手往病房走去。

艾昕，我的妹妹，一个精神病女孩儿。十七岁时突然停止了记忆，她的心永远停留在十七岁。而那个男孩儿，初三时就搬家离开了这里，没有通信，也没有让艾昕温暖过，一切，都只是她一个人的设想。

即使是设想，我也很感谢那个男孩儿，温暖了艾昕，也温暖了我。

奶奶的告别式

方 愚

奶奶离开的时候，我还是个五年级的学生。在那之前，我习惯每天骑着破旧的自行车上学放学，奶奶总是坐在家门前树下的长板凳上等着我。一等就是十年。如今，我一个人在陌生的城市，远离了唠叨的母亲，我以为我会自由，却发现只有离开，才能体会到血肉之情的可贵，才知道了我究竟浪费了多少什么也换不回的亲情。

那一天我在梦中惊醒，耳畔听到哭声，翻了个身，睁开惺忪的睡眼，眼前是母亲泛红的双眼，我看到她的嘴唇颤动，好半天才说出来："奶奶走了。"

我的第一反应是逃。天刚蒙蒙亮的时候，我从窗户跳了出去，跑到大爷家，摇醒还在睡觉的侄女，告诉她："我奶奶走了。"这和妈妈刚告诉我的情景有点儿像，可是侄女只是翻了个身，又睡去了。

我一点儿都不相信这是真的。

在那之前奶奶已经病了好几个月了，正值家里盖新房。奶奶便被送到二大爷家。奶奶的四个儿子都在一个村庄里，村头，村中，村尾都有。每天放学，我都会骑着自行车飞驰而归，而后停在二大爷家门口，冲进屋子里用欢快的语调说："奶奶，我来了。"通常奶奶是躺着的，微微点点头示意我知道了。我便伏在桌子上直到写完作业才离开。

奶奶精神好一些的时候，会坐起来，朝着阳光，身后垫着厚重的枕头，她从垫子下面拿出一个蓝色袋子说："上午你大姐来过，她家杀了鸡，给我送来一个鸡腿，给你吃吧。"我接过，写完了作业就回家了。打开那个袋子，里面装着一个挺大的鸡腿，上面有一个小小的浅浅的缺口，奶奶只吃了一小口。

我能想象得到，奶奶当着大姐的面吃了一小口，然后放下，偷偷地留给我。可是那时九岁的我还不懂，只是狼吞虎咽地吃了鸡腿。还有一次，奶奶从垫子下面掏出八角钱给我，我拿着钱乐颠地冲去小卖店。我买了我爱吃的东西，却没有给奶奶送去一点儿。

很久以后，不怎么喜欢我的二娘告诉我那时候奶奶每天都嘀咕着快点儿好起来，说要回到家里在长板凳上等我回家。我仿佛看到一个瘦弱的老太太戴着灰色的线帽坐在板凳上，倚着已经枯黄的树干，落叶飘了一地，她在等放学回家的孙女。仅仅是想着，双眼已被眼泪糊住。

后来奶奶手术过一次，回来后她告诉我说她差点儿死在手术台上，但是想着还没看我最后一眼，硬挺了下来。手术回来后奶奶被送去了大爷家，我每天去找侄女玩的时候，奶奶都透过那个窗口看着我们。大爷大娘是信奉基督教的，每天都读《圣经》。奶奶告诉我她并不懂那是什么，可是听着心里就很平静，仿佛死亡都不可怕了。我便天天窝在大爷家去听那些歌曲，学会然后给奶奶唱，奶奶说好听，真好听。

奶奶健康的时候有些微胖，病了之后迅速地消瘦下去。人们常说病来如山倒，病去如抽丝，我想大概就是这个意思。奶奶在大爷家听了两个月的《圣经》，我家的房子也快盖好了。奶奶说："我想回家了。"

父亲跟母亲提起的时候，母亲的意思是再等一些日子，等房子完全好了的时候，再接奶奶回来，不然吸着屋子里的化学气体对身体更不好。

吃饭的时候，父亲看着碗里的饭突然不动了，他说奶奶一辈子也没有住过新房子。

奶奶是爷爷的四姨太，前三个姨太生不出孩子，爷爷便娶了奶奶。奶奶是书香世家，后来败落了，大家都说做四姨太很委屈，可是为了生计奶奶还是嫁给了爷爷。

奶奶生了四个儿子，父亲排行老四。奶奶一辈子低眉顺眼地过活，什么好吃的好玩的都要先可着其他姨太太来。老了后，又要可着孩子们先来。后来有了我，一切便可着我来。奶奶一辈子没有享过福。

父亲说起的时候，流下了眼泪，那是我第一次见父亲哭。母亲怔怔地看着父亲哭便说："那接回来吧。"父亲当即撂下饭碗，三分钟后奶奶就回来了。

大爷，二大爷，三大爷，这个村庄居住着的所有亲戚都来了。他们跟在父亲后面，父亲笑得像个孩子似的，怀里抱着轻飘飘的奶奶，挨个屋子走着，最后停在东面的屋子。里面满是奶奶的东西，柜、被子、茶盏、蒲扇，还有嫁妆，她说过那是留给我的，谁也不能动。

父亲轻轻地放下奶奶，说："妈，你住这屋。"

我看到奶奶尽最大努力笑着，连声说好。

那之后的一个月里，奶奶病得越发的重了，人也更瘦了。奶奶什么也吃不下，只能吃一点点鸡蛋羹。有一次只有我和奶奶在屋子里，我听到奶奶用微弱的声音说："我想起来。"

我知道奶奶是想坐起来。我扶着她的背，我这辈子都忘不了那是怎样的感受，就像摸着一根根暴露在空气中的骨头一样，消瘦而坚硬。奶奶每天不会觉得硌吗？她那么瘦小，就连当时那么小的我好像都能轻而易举地抱起她。

一个月以后，奶奶就走了。葬礼的时候，好多人来。大爷说奶奶的最后几天能吃能喝的，肯定饱了，下辈子一定会是富裕人家的人。大娘说起小时候的事，大爷结婚的时候，父亲还是个小孩子，每天只知道和他三哥一起偷拿奶奶和大娘做的饼吃，奶奶把饼放到很高的地方，父亲便拿不到了。大家各自说着奶奶的事。

奶奶一生从未树敌，尽其可能地对每一个人好，小孩子们都最喜欢我奶奶，那是我小时候最骄傲的事。人们说着奶奶的好，笑着。突然一阵寂静，一个哭泣的声音响起，它就像一个喷嚏般迅速传染了每一个在场的人，大家都加入其中，刚才还是笑着的场面突然变成了哭泣。

我看到奶奶躺在棺材里，占着很小很小的一块地方，我从来不知道，原来一个人可以小成那样。奶奶在那里，我也在那里。我看着她，一动不动。

入棺的时候，家里人是要在棺前磕头送行的，我那时在园子里，母亲找到我要带我去给奶奶磕头，我死活不去，因为我害怕。小小的我也知道给奶奶磕完头，那口棺材便会被钉死，我便再也见不到我最爱的奶奶了。

后来，我一个人躲在园子里，看着奶奶生前种的西红柿，熟透了的西红柿坠弯了枝丫，还有一些掉在地上，烂了一大半。我压抑许久的情绪突然就爆发了出来，蹲在地上号啕大哭。适时乐队奏起哀乐，伴随着哭声，我终于意识到，这世界上最爱我的人走了，是真的走了。

再没有人给我留鸡腿，没有人给我八角钱，不会有人给我种龙珠果、灯笼果了，不会有人在晚上给我讲武松打虎的故事了。

初中的时候去镇里上学，回家总是会路过埋葬奶奶的地方，每次我都会在心里说着："奶奶，我来看你了。"

奶奶离开的漫长岁月里，我总是希望梦到奶奶，可是一次也没有。如今我已经长大成人，奶奶的模样在我的脑海中仍清晰可见。我记得我们所有的故事，惹她生气，让她陪我玩游戏、讲故事，给她买药。我时常想起她。这时我才知道小时候的我是多么不懂事，那么多次伤害我最亲爱的人，那么多次误解亲人的意思。

世界上最大的痛苦便是子欲养而亲不待。我总是以为我有的是时间去做想做的，我也一直相信着我是优秀的。可是在我自顾自地成长时，我忘记了身边老人们在飞快地老去，我也忘记了是什么时候父亲再也不能举起我玩，我也忘记了是什么时候母亲也快年近五十岁了，我突然很恐惧，我害怕所有的变老或者离去。如果可以，我真希望我们可以一辈子不变。如果可以，我愿意用我的青春去换取和想念的人更多的在一起的时间。

我想起奶奶还健康的时候，有一次我们在家看电视，魔术师将一张纸撕成条状，放到一个碗里，盖上盖子后，向天空抓了一把，打开盖子后，纸条变成了热气腾腾的面条。我说："奶奶，我也会变。"我学着魔术师的样子，撕了我的作业本放到奶奶的茶碗里，撒上一把空气魔术粉后，打开盖子，纸条仍旧是纸条。

我说："我们再等一会儿吧，奶奶，一会儿咱俩就有面条吃了。"

奶奶带着不容置疑的口吻说："好。"

我们之间的半岛铁盒

长颈鹿不会唱歌

草帽儿先生

1.嗨，我在寻找一个人

是的，我在找一个人，他叫卓不群，卓尔不群的卓不群，他是我初一时一整年的同桌。差点儿忘了介绍，我姓路名青儿，是个女生。我把卓不群弄丢了。路青儿找不到卓不群了。

卓不群的脾气是极好的，相反，我倒是个无理取闹的主，闹腾得——咳，不像个女的。嗯，卓不群每次这样感慨都是作扶额状。

刚和卓不群同桌的时候，少儿频道正在重温《虹猫蓝兔七侠传》，我把书包扔课桌上捶胸顿足地咆哮，当年因为补习没看成的动画片，现在又要因为补习看不成！卓不群极力克制还是没掩饰住鄙视的神色。

"路青儿，那是小孩子看的好吗？小爷我小学看的，幼稚。"

"所以你是有童年的人啊，我是没有童年的人啊！呜呜呜，没得看啊嘤嘤嘤！"

……

许是我哭诉的表情太悲壮，一开始对那动画片还嫌弃不已的卓不群，后来居然在每节课间主动给我讲述剧情——"都是因为我表弟吵着要我陪他看，所以才顺便讲给你这个幼稚鬼听。"我不动声色地"嗯嗯"称是，心里早就笑开了花，傲娇嘛，人艰不拆嘛，我懂的。

卓不群把《虹猫蓝兔七侠传》讲完后，我手绘了一幅虹猫送他，他不知道的是，我还画了蓝兔，虔诚地贴在自家床头。

好像它们是和月老的红线一样能牵姻缘似的。

2.我们都是习惯了烫到手指才去摸耳垂

其实我对卓不群不好。他说课桌要画"三八线"，我就全天候严阵以待，他手肘一过线，我手中的水笔立马就扎下去。那叫一个快、准、狠，有时扎得血珠直冒。

我现在想起他手臂上那些针孔就心慌，琢磨不透那时的自己怎么那么狠呀，生气的时候还扎他出气。他也不哭不闹不生气，只浅浅地说句："丫头，会疼的呀。"可我缺根筋的脑袋呀，看他连眉头都没皱一下，竟一直以为就算疼也不过尔尔。

后来前桌看了《还珠格格》气势汹汹地来指责我："路青儿，你这个狠毒的女人，卓不群对你那么好，你生日他还特地爬树摘李子送你呢！你倒好，整天扎他，你就是容嬷嬷转世！路嬷嬷！"

我终于有所醒悟，愧疚地转头嗫嚅着跟卓不群道歉。他哈哈大笑着："我是心胸宽阔的大侠好吗？不跟你这小女子计较！"温热的手掌揉乱了我的刘海儿也揉乱了我的心。

如果说在此之前医生一直是我的理想职业，那么，经过此事，我看见针头便有满怀的懊悔，再不提"长大后要当医生"之类的话了。

3. 美人鱼见到王子不会开口说话

班级组织春游，我的自行车半路破胎。我以为路途遥远，没有同学肯带我一程，我的春游将就此泡汤，只有回家看电视的份儿了。

一直骑在队伍最前面的卓不群却掉转车头折回来载我，他说："我知道你有多期待，也知道失望会有多难受，所以路青儿你少给我磨叽，赶紧上车。顺便把你那副感激涕零的嘴脸收起来。"

于是我自个儿坐在车后座上傻乐，时不时给卓不群喊几声口号加油。后来不知谁提议要唱歌，卓不群兴致高昂地和大部队唱《义勇军进行曲》，完了侧头向我嘚瑟："爷肺活量不是一般的强大。"

大家合唱的时候我还小声跟着哼哼，后来变成独唱，我就彻底不吱声了。卓不群劝了我好几次，诸如"不用唱很大声啊，我听见就好""唱呗，我又不会嫌你跑调，没人会笑你好吗。试一下嘛，自信一点儿好不好"……可直到目的地，我还是没有勇气开口。五音不全音律不通，所以宁愿拒绝也不愿在他记忆中留下"路青儿唱歌很难听"的印象。

莫名地想起安徒生童话里的小美人鱼，也许把鱼尾变成了双腿的代价只是和巫婆交换嗓音，可是要她用粗犷的声音和王子对话，她宁愿当哑巴。

在喜欢的人面前总希望自己最美好。

4.我在南国，我不难过

我以为我和卓不群是落花有意，流水也有情的，直到他口中许一晴的名字出现的频率越来越高，我才发现自己那么后知后觉。

有一句话怎么说来着？喜欢是一件藏不住的事，就算你闭口不言，它也会从眼睛里跑出来。卓不群看许一晴的眼神是我从未见过的宠溺。

他们牵手的那天，我把自己熬了许多个夜晚录了删、删了录，好不容易觉得满意的歌再次删掉了，他想听歌是再简单不过的事，许一晴是全校有名的百灵鸟呢。一直牵挂着未曾唱歌给他听，不过是我自己想多了。他清澈的笑容再不是为我，那个生了气就煽动前后桌不和我说话，又每次率先俯首示弱的孩子气的大男生，已经成了许一晴的私有财产。

南方7月的天空万里无云，我大踏步走在街上，随手接过的保护动物的宣传册里，长颈鹿有纯真的大眼睛和羞涩的神情，它跟我一样，唱不出动人的曲音，甚至说话都很困难。可这又怎样呢？我们依旧是这个星球上独一无二的存在。

所以我一点儿也不难过，就算有难过，也不多。

雨过天晴思无极

科学无解

文科班需要面临的窘境是，你永远要把自己想象成有施瓦辛格一样的体魄和弗洛伊德一样的心理建设。听说隔壁班共四十九个人，三名须眉，还长得参差不齐。有个流传甚广的典故，说有次他们班搞活动，有个女生实在搬不动那么大一张桌子，就对旁边闲站着的男生来了句："帮个忙嘛。"那男生吓了一跳，一嘟嘴，来了句："你在说什么呀，咱班一共就仨男生，累坏了怎么办？"当时我们班听说了都笑得打跌，虽说我们班只有十个男生，五十步笑百步，也没什么好骄傲的，但起码我们有沈天青。

据说每个学校都有传说中的这么一个校友，因着全能和好人品前途光明。而沈天青很明显就是这个"未来的荣誉校友"，连老班私下闲聊的时候都会开玩笑，说什么以后沈天青功成名就了，可别忘了他这个小城市的老头子。

我们之间的半岛铁盒

我们所有人都认定，沈天青是要出大名的。他身上有种光芒，让人相信世上总有宠儿存在。虽然他只有一米七四点五三，作为一个北方男生的确不怎么高，但在条件极其恶劣的文科班，他已经成功跻身美貌与智慧并存排行榜了。可这样的他，偏偏在分文理的时候来了最差的一个文科班，谁也不懂他的意图，大家都叫他怪人。

而相应的，每个学校也都有一个奇葩，必定要为她的母校留下些难以磨灭的回忆。那个人就是我，林伊南。且容我用几个生动的实例来自我介绍一下：把死老鼠扔到漂亮女生的车筐里，躲在角落里看见女生叫得花容失色，然后笑得直捶墙的那个人是我，或者是和同学在马路上飙自行车，连闯三个红灯后被开警灯的摩托车拦下，听了警察叔叔长达十五分二十一秒训诫的也是我。

也许十年之后，要我讲讲高中里最让我印象深刻的事，不是我那些鸡飞狗跳的往事，而是这一件：我的同桌，叫沈天青。等我再成熟些，也许就可以用略带沧桑的口气向世人描述：沈天青，他是个让人敬佩又很可爱的同志。

就像好多女生会记住自己初遇暗恋对象的那一天，我也莫名其妙地记住了认识沈天青的那一天，是2009年9月1日，校领导口里"秋高气爽"的一个略显妩媚的下午。见到沈天青的时候我有一种很奇妙的感觉，这个家伙，一定很有趣。

那时候我刚从海南回来，晒得简直像是被烟熏黑了的鬼子一样，忙着八卦谁谁上了哪所高校，谁谁令人结舌地马失前蹄，又或者谁谁谁和谁谁在假期速成佳配，还见过家长。直到有人跟我说："看到那边那个人没有？听说很有来头啊！"

我一眼望过去，那个"很有来头"的男生属于看上去很舒服的那一类，虽然放在茫茫人海中很有被忽略的可能，但笑起来的时候让人想起一丛丛的矢车菊，或者是明亮的椰子坠落，让人心里痒痒的。

直到文理分班之前，我和沈天青都没有交集，基本属于他的阳关道和我的独木桥，各自活得逍遥自在，管他自己地盘外有什么新世界。直到分班的那天晚上，大家哼哧哼哧地搬桌子用以掩饰女生的啜泣，我有些伤感地看着黑板上擦了一半的习题，那道习题像是断了线的风筝、回不去的时光，孤零零地趴在那里。

这时候我同桌老牛猛喘一声："那个人是不是沈天青？他怎么会学文啊？真的是沈天青！"

没错，传说中的未来的荣誉校友竟然学文，最意外的一点是他——传说中的天之骄子，竟然来了最渣的文科班。很快，班里的男女老少都从分别的苦痛中苏醒过来，因为我们有了沈天青，讨论的话题也从昨晚上那个得绝症的男主角会不会因为收视率被要求多在床上躺上几集，变成了"沈天青写字好好看！""啊，沈天青背书真的太快了！""这种题他都会做？！"诸如此类。

好像就是这样，纵然我们还是老师眼里让人头疼的学渣，别说三角函数，连篇古文都给背得支离破碎，但有一个文武兼备的全能坐镇，我们也有了一种莫名的集体荣誉感。这种荣誉感很奇怪，就像最致命的病毒，无声无息地传染给每个人。

很快就有一例病发，我并没有亲眼看见，也不知道有没有夸张成分，听说好像有人在外面污蔑沈天青，说他人品不好云云，正好被翻墙出去上网的老牛听见了。老牛自己没文化，偏偏最崇拜沈天青这样的"知识分子"，平生仅一次的班级荣誉感就在这时爆发了，他把那人按在地上就是一顿暴揍。最不巧的是，这位污蔑沈天青的同学恰好是校长的宝贝儿子，加上老牛来上学完全是奔着感受青春而非寒窗苦读考取高等学府，诸多因素加在一起，老牛就被劝退了。

老牛就是豪爽，当真没再出现在学校，听说他休学的时候正好赶上征兵，就风风光光地当兵去了。他虽然不擅学习，但当真是块当兵的料，听说很有以一当十的猛将风范，再后来，就去了更厉害的地方，偶尔回来看我们，问他，他也不说，只是神秘地笑笑，一副荣辱使命在我身的神圣感。

这也让老班很开心，特别是高三的时候，天天在我们耳朵边叨叨，什么"闻道有先后，术业有专攻，大家不要有压力，想想老牛，就有动力了"。

就是因为老牛的休学，在某种程度上让沈天青成了我同桌。当时我正寂寞地摸着老牛那张光秃秃的桌子，上面很有可能沾着他早已风干的口水，老班就一脸严肃地把我叫出去。

"林伊南，让沈天青当你同桌，你怎么想？"

我吓了一跳："他和叶皎皎不是挺好的吗？"叶皎皎是我们班前第一，属于班花那种的存在，当时安排叶皎皎和沈天青同桌，很有可能是因为老班觉得叶皎皎是我们班唯一能拿得出手的人了。

老班一脸苦恼："林伊南，你就别问了，我很有压力的，校长施压，教务主任施压，你们这群孩子也不让人安心！"

听说老班的妻子最近住院了，他情绪一直很低落，我连忙点头："好的好的，您说怎样，我就怎样。"

老班喝了口水："行，你回去吧。对了，林伊南，别耽误人家啊。"

虽然我自诩"无恶不做"，但阻碍人家大好前途的事儿，我还真不敢干，所以和沈天青同桌的第一周，我一个字都不敢主动和他讲。

每次都是沈天青主动和我攀谈："林伊南，你有尺子吗？"

"林伊南，我没有带数学课本，可以借我一半吗？"

我一边小鸡啄米似的点头，一边双手奉上课本，心中暗道："没问题没问题，全拿去，反正我也看不懂。"

"林伊南，你有交流障碍吗？"

我从一本小说中猛地抬起头，茫然地盯着他："啊？怎么了？"

沈天青有点儿生气地皱着眉："为什么每次和我说话都不超过三句？"

我惊愕地张着嘴："……老师……老师说，不让我耽误你学习。"

"你是这样听话的人？听说你还把老鼠丢进女生的车筐。"

我那一瞬间的尴尬真不是假的，虽然我脸皮足够厚，可谁都会在顶尖优等生面前有一种难以言喻的自卑感。"你、你怎么知道……"

"她恰好是我同学，当时她可气坏了，足足唠叨了你半个月。"沈天青笑了一下，"当时我就想，什么人啊这么有意思。不过真的见到本人了，就觉得……"

我不自觉地瞥了他一眼："怎、怎样？"

考虑到他前面加了个"不过"的转折词，他对我的评价必定不怎么高，我忧伤地蜷着小说的书页，听他怎么来践踏我的性格。

"觉得——你怎么像乖乖女一样。"

"啊？"

"和我认识的那些所谓的好学生，好像也没什么差别。"

我不自觉地捍卫自己："谁说的！我可以跑酷，他们可以吗？我可以随便找个街角涂鸦，他们可以吗？最重要的是，我可以做我自己想做的事，他们敢吗？"

沈天青笑了："果然好叛逆啊，小天女。"

我嘿嘿地笑了一声，听见他慢吞吞地说："不过，能做好自己不想做的事，不是更有勇气吗？"

我被将了一军，不知该说什么，却看见沈天青自己黯然地叹口气，"……可惜我却没有这样的勇气。"

有什么是天之骄子的沈天青做不到的呢？我想了半节课，也没想明白。这些高智商的人都是怪胎，你永远也不明白他们是怎么想的，明明不用为了学业和未来忧愁，有点儿像"为赋新词强说愁"嘛。

也许因为我和沈天青不是同一个世界的人，所以才不懂他那个世界的忧愁吧。我这样想想，想要重新投入小说的爱恨情仇里，可男二号与女一号的爱恨纠葛却再也不能让我入戏，沈天青的那句话老在我脑子里回荡，头一次让我觉得，看小说也会味同嚼蜡。

难道这就是优等生的魅力？随便一句话就让人中毒？我朝沈天青那边瞟了一眼，看见他正在做数学。以前和老牛同桌的时候，他桌子上从来不会放课本，从来都是空荡荡的一大片，大部分时候老牛都趴在上面睡觉，小部分时候那里是个战场，我们一群人趴在四周玩弹珠。

看着沈天青笔下舒畅地流淌出令人惊异的字符，我突然有一种想写作业的冲动，也许往空荡荡的脑袋里塞点儿东西也挺好玩的，我一边被自己感动，一边从课桌里掏出一本语文书。好像学习的感觉也没有那么糟糕，起码我终于知道那个看上去很像一个字的"彳亍"该怎么念了……

其实真的挺庆幸能和沈天青当同桌的，否则我极有可能浑浑噩噩地度过高中，当个包子铺的老板娘，每天算着不超过三位数的账，踽踽老去。这不是我说的，这是沈天青的原话，是在我们很熟之后，他开玩笑似的一句话。

可这是真的，那时候我一直在模仿，还引以为乐，沈天青干什么，我就喜欢干什么，他有一半时间在学习，我也有一半时间在学习。剩下的时间又被他分成两半，一半在出去打球，还有一半在发呆。

终于有一天我忍不住了，就问他："沈天青，你到底在发什么呆啊？"

沈天青过了好久才转过头："林伊南，你幼稚，我不是在发呆。"

"……那、那你在干什么？"

"我在……思考人生。"一般人会觉得他在开玩笑，但那个时候，我认为他说的是真的，说这句话的时候，他的眼睛在发亮。

"林伊南啊，你的案例让我很励志。"沈天青突然这样对我说。

我喜滋滋地举着竟然及格了的英语卷子："你说这个啊？我也很开心啊！"这个时候已经是高三一模了，可按照沈天青的观点，我这是开窍了，成绩会突飞猛进，说不定就会在高考的时候把叶皎皎踢下去。

"嗯。知道我为什么会来这个班，会和你同桌吗？"他这样问。

我本来就四肢发达头脑简单，哪想过这种好像电视剧里钩心斗角需要动脑子的事情。于是我摇了摇头。

沈天青又开始发呆，不，思考人生，过了好久，他才缓缓道来："所有人都对你抱有过高的期望，你站得太高，风光无限，于是突然有一天，你开始担心，你会不会跌下来。"

"你吗？怎么会！你一直都是文科第一啊！"

"我的一个表姐，她比我高两级，在省实验中学，也很聪明，一直名列前茅，全家人都指望她出人头地，结果就在高考前的两个月，她疯了。"

一个挺恐怖的故事被沈天青轻描淡写地讲出来，让我哆嗦了一下，他表情淡淡的，看不出忧伤还是害怕。

"于是我就想，我一定不要变成她那样的人，可表姐疯了之后，大家就把注意力放在了我身上，想要我去完成他们的夙愿……可凭什么，我是一个有人格、有自由的人，我才不要被他们操控，所以我就在分班考试的时候，故意考砸，调座位的时候——嗯，你不要生气啊，找到班主任，说要和你做同桌。"

"啊？"

"现在跟你道歉啦，其实觉得和你同桌是件好事，你很给人希望呢，就是有种莫名其妙的活力，很让人搞不懂。总之后来就觉得这么闹来闹去挺没意思的，又看到你都那么努力了——没有冒犯的意思，我也不好意思再这么闹下去了。总之得谢谢你，林伊南，你是个很优秀的同桌。"

以前我和沈天青谈跑酷、谈八卦，他跟我谈野史趣闻、谈NBA，我们从来没谈过这么严肃又深刻的话题，一时间让我有点儿无所适从。可我还没调整好，沈天青就调走了。高考末期学校办了个尖子突击班，就跟集中营差不多，里面的女生在高压之下天天以泪洗面，不过听说沈天青在里面过得还不错，起码以他的智商，应付这个还是可以的。

那时候我就有点儿小忧伤，全班都有点儿小忧伤，连老师都有点儿无所适从，大家都习惯了沈天青在所有人崇拜的眼光里优雅地站起来回答问题，如此的气定神闲，像是遥远国度的王子一般。连老班开班会的时候都会突然停住，虚望一下太空："突然，好想沈天青同学啊。"

我到高考结束都没有再见过沈天青，只记得结束那天是个阴天，全班都在扔书，教务主任在楼下气急败坏地大喊大叫，而我靠在窗边向外眺望，心里有些淡淡的惆怅。我得到了太多东西，这样丰收的获得，亦让我惆怅。

最后我并没有沈天青预言的那样踢下叶皎皎，却也得了让人瞠目结舌的成绩，老牛回来看我们的时候也吓了一跳："大妹子啊，你是吸了我们天青多少灵气啊？你这是要麻雀变凤凰啊！"

再后来，当我坐在窗明几净的大学教室里，听着教授释放着喋喋不休的魔音时，总会微笑，死党就推推我："喂，你笑着发什么呆啊？"我总会先放空一会儿，然后说："不，我没有发呆，我在，思考人生。"

奇葩姑娘陈小鱼

赫 乔

开学前一天注册报到，我拖着行李箱进宿舍，看到床沿上贴着的名字，我的还没找到，倒是先看到了那个之前在新生群里就聊过的陈小鱼——来自重庆的姑娘，她是我的下铺。

都说先入为主，我自以为认识陈小鱼要比其他人早一点儿，但事实上我对这孩子的认识都像幼稚园大班的小朋友在翻看神秘组织史书时一样茫然。陈小鱼对于我们这个本身就有点儿奇葩的宿舍，就是一朵拔不完花瓣的野玫瑰，你永远猜不到她要说的下一句和会干的下一件事是什么。

我记得陈小鱼曾经正儿八经地和我们说，她以为青岛就是一个岛，中国海洋大学就在岛上，我们每天划船去上学，食堂里全都是免费的海鲜。

来了海大之后，她有点儿失望地说，原来不是这样的。我就突然觉得惊恐，怎么真能有人这么想过？

我们原本都是学德语的，但是陈小鱼毅然决然地要转到财务管理专业。而她这个整天不是丢包就是丢钥匙再就是连卡带身份证一起掉落在大马路上的孩子，在选课上也是迷迷糊糊，明明限制在大二选的课，她在大一都选完了；而明明是打算选财务管理的课，她又心血来潮地选了新闻的课，刚要退却发现课本都发下来了。所以开学的第一天，陈小鱼对我说："安桥，你什么时候过生日？"我想她知道的呀，我还请大家吃火锅来着。我就小心翼翼地说："再过的话就是冬天了。"

她其实完全没有注意我的回答，而是自顾自地说："安桥，我要送给你生日礼物。她递过来一本她刚刚发下来的课本——《新闻传播法规与职业道德教程》。"我被雷得外焦里嫩。

外表御姐，内心萝莉，这八个字放在陈小鱼身上一点儿都没错。而且更多时候简直就是惊为天人。比如说，她没事就会在脑袋上顶一朵大黄花。再比如说，她会买一双黑色的鞋子，然后买一盒橘红色的颜料，再把鞋子涂成耀眼的橘红色。

再说冬天的时候，陈小鱼穿着春天的吊带碎花裙子，外面套一件毛呢大衣，下楼去买早餐，收获了无数惊诧目光。我问她："亲爱的，你不冷吗？"她咬着包子说："还要穿牛仔裤太麻烦了。"

不只是衣服上清新脱俗，这姑娘拥有一颗纯粹的文艺但不能让人理解的心脏。比如说，有一天她买了画板和颜料，以及一只淡粉色的玫瑰花，她用面巾纸粘着颜料往画板上涂，然后把玫瑰粘到正中央。当我们开始欣赏她的大作时，看到的只是一团团浮云，陈小鱼向我们介绍说："看这个小的，是老鼠，看到这两个耳朵了么，这是兔子。"

又有一天她坐在我旁边用勺子挖着木瓜吃，我就是无意间瞥到她吃完木瓜之后把木瓜皮直接扣在了脸上，我感觉自己的五官都错乱了，只能问："陈小鱼你在干吗？"她无比淡定地答复我——做面膜。

陈小鱼很少待在宿舍里，但是也减少不了我们的小打小闹。

她特别喜欢养花，但是养的几盆植物现在都奄奄一息。前一阵我和格格买了七里香和向日葵的种子然后开始种，陈小鱼就诅咒我们的小七和小葵死在摇篮里，所以当我的小葵迟迟没有发芽的那几天她特别得意。幸好小葵还是不甘寂寞冒了脑袋，否则我真的会怀疑陈小鱼在我的花盆里泼了硫酸。

第一个学期的时候，我总是坐在床上玩电脑，这学期就开始坐在桌前了。陈小鱼就噘嘴：“安桥，你怎么开始用桌子了？”我说：“这不是挺正常的吗？”她说：“安桥，你还是到床上去玩电脑吧，这样可以把你的桌子给我们留着放垃圾。”

关于垃圾的事，她还说过，我们宿舍应该把地面改成垃圾场，然后每个月打扫一次卫生。我纠结了，这个姑娘是真的心向缭乱还是灵魂奇葩呢？嗯，我还有三年多的时间去探索。

不管怎么说，写陈小鱼的这些事的时候，我还是笑得不行。

我们之间的半岛铁盒

黎小蘼

最近天总是阴沉沉的，雨却迟迟不肯落下。我的位置靠近窗户，屋外潮湿的冷空气大面积地将我覆盖，有种令人窒息的感觉。

"小溪，快做笔记啊，不然一会儿又会跟不上了。"旁边的林婧焦急地捅了捅我，手中的笔仍在本子上不停地划动，发出沉闷的声响。

"哦。"我恋恋不舍地将视线从窗外收回，懒散地拿起夹在书中的水笔。明紫色的字迹，乍然一看分外耀眼。

这个知识点还没来得及消化，老师已经马不停蹄地讲解下一个知识点了。我扔下笔，不想将时间浪费在用力思考上面。高中的学习生活，真的很不适合我。

悦耳的下课铃声及时响起，将我从这个大熔炉中拯救了出来。老师还没走出教室，就被一群"眼镜君"紧紧包围。看到这种场景我只想冷笑，搞什么，仅仅问道题，再顺便讨好一下老师而已，用得着这样你争我抢吗？

我胡乱整理了下桌子，找了个舒适的姿势开始睡觉。迷迷糊糊中，看见林婧还在卖力地演算着。唉，好学生就是要抓紧一切时间用来学习，这种枯燥我压根无法忍受。

其实以我的分数根本进不了这所市重点高中，只是妈妈望女成凤之心太过强烈，硬是花了好几万块把我送了进来。我本来想说，这样做就是多此一举，我充其量只是一只麻雀，还有，我是怎样进来的别人心里都明镜似的，你让我如何抬得起头。但这些也只是想想而已，要是真的说出口，很有可能我就与明日的太阳别离了。

但那日同凌儿的话别，真的让我痛彻心扉。凌儿是我初中三年最好的朋友，我们亲密到甚至从来没有分歧。我本来想和她最后拥抱，没想到她却一把推开了我，盯着我的脸恨恨地说道："黎溪，用不着你在那里得意忘形。连我都考不进H中，你凭什么能去！不就仗着你妈财大气粗吗！我讨厌你，我再也不想见到你！"

"凌儿，你……"我惊得说不出话，只看见她决绝地转头，毫无留恋地渐行渐远。凌儿，从此以后，你就离开我的世界了吗？你不要我了吗？我蹲在地上，眼泪止不住地流下来。是啊，凌儿的总分高出我将近一百分，她那么努力，却还是没能考上理想的学校，而我这个成绩差得要死的学生，却能够一步登天。这让她怎么能够不心痛……

"小溪，你怎么哭了？""是吗？"我急忙用袖口擦拭眼角，起身对上了林婧关切的目光。"没什么，灰尘迷眼睛了。"我起身淡淡地回答。凌儿，我本以为，我们能够一直相亲相爱，不离不弃，现在看来我错了。我知道，我什么都做不了，只能希望在没有我的日子里，你要好好爱护自己，幸福快乐。

突然觉得自己好矫情，不就是一段破碎的友谊吗，逝去了就算了。可是为什么我开始平白无故地落泪，开始不停怀念曾经的美好时光，开始收集各式各样的扣子只因凌儿说过喜欢……甚至开始惧怕友情，担心再度受伤。

所以，我开始用冷漠的态度对待所有人，冰冷地拒绝他们或真心或假意的接近。渐渐地，我被冠上了"孤傲女王"的称号，几乎大家对我都是敬而远之。只有林婧，和我同桌了几个月，学习顶呱呱的乖乖女，一如既往地本着一颗热情似火的心关心着我，我实在是不明白她理睬我这号人物做什么。

下午的体育课，跑完了圈后老师宣布自由活动。和往常一样，我远离人群，独自坐在操场尽头的水泥台上仰望天空，还是那般灰蒙蒙的色调，给大地都笼上了一层阴霾。

不一会儿，林婧乐颠颠地朝我跑来。"小溪，我们一起去玩吧！"

"不要，我不想去。"

"来嘛！我们新开发了一个游戏，很有趣的！"

我眯眼望着她，她嘟嘴撒娇的样子像极了凌儿。曾经活泼可爱的凌儿，也会抓着我的手臂甜甜地叫："黎黎、黎黎……"

影像重叠，美好的过往再一次深深刺痛心房。我猛地站起来冲她大吼："都说了不玩你听不懂吗！你能不能不要再缠着我？吵死了！"对不起，林婧，我并不想伤害你。只是我的心太累，已经没有力气去应对你的真诚。

霎时，一片沉寂。沉默了许久，我以为林婧不会再理我了，正打算提步走开，没想到她却一下拉住我："小溪，为什么你一直抵触我，抵触所有想和你成为朋友的人？你知道吗，自从和你成为同桌，我就感觉你和我们不一样。你身上有一股倔强的力量，就如同水塘边一株小小的芦苇，看似柔弱却并不服输。可你为什么要关闭心扉，变成现在这个样子？相处这么久，我从未看见过你的笑容，为什么你不可以快乐一点儿？"

我感到一股酸涩漫上心头，却还是冷冷地说："你不会懂的。"林婧还想说些什么，却只听轰隆隆的雷声响起，紧接着豆大的雨点砸了下来。我呆呆地站在雨里，真好，终于下雨了。

林婧焦急地叫我："小溪，快回教室！雨太大了！"我不动，只是直直地立在雨中，接受它的洗礼。因为我记得，凌儿离开那日，也下了场这么大的雨。

"唉……"林婧皱了皱眉，快速地脱下了自己的外套遮在我的头上。"小溪，你身子弱，最好不要淋雨。别任性了，快回去！"她的眼神透着宠溺与责怪，顿时我坚忍的围墙轰然倒塌。我软软地伏在她身上，喃喃道："怎么办，我该怎么办？我真的好痛，好难过……"林婧轻轻拍着我的背："你真是个令人心疼的孩子，到底发生过什么？"我哽咽着告诉了她一切，到最后，点点雨滴落在脸上化作一滴滴泪。

不知过了多久，天渐渐放晴，空气中弥漫着泥土与青草混合的气息，那般清新。林婧为我擦干眼泪，静静地说："小溪，过去的就让它过去吧，不要让它左右你的生活。我们可以做好朋友吗？我想见到一个无忧无虑的黎溪。"

她温暖地笑着，我闭上眼，脑中浮现凌儿的脸。她拉着我的手坚定地说："黎黎，我们要一直好一直好。"

深呼一口气后，我点点头。林婧说得对，凌儿的事情，我早该释怀，去接纳新的朋友。忽然觉得心里前所未有的轻松。

林婧像孩子般欣喜地拍着手，突然她指向远方大叫："哇！看！彩虹耶！"我应声望去，是的，在天边，有一座若隐若现的彩虹桥。赤、橙、黄、绿、蓝、靛、紫，七种颜色，那么绚烂，那么美丽。

"小溪。"

"嗯？"

"彩虹是我送给你的礼物哦！要记得我们的约定！"

"什么嘛，彩虹是属于每个人的！"

"唉，我伤心了，人家对你这么好……"

林婧假装生气的表情将我逗笑了，我捏捏她的鼻子，和她手拉手朝着彩虹的方向跑去。

我想，我们之间的友谊，也会像彩虹般闪耀着最亮丽的光芒，永不磨灭。

我靠谱，你随意

程　萌

"点亮心灵，感恩父母"演讲会过后，你第一时间登录微博，想发表一下见解，却发现比你早的大有人在。千篇一律的"爸爸妈妈，我爱你们"。你返回空间人云亦云地写下这句话就灰溜溜地下了线，因为空间里更可怕！几乎所有校内的朋友都发表了这条说说。

第二天一早，华子就笑得花枝乱颤，看得你浑身发毛。她自顾自地说："哈！你知道吗？哈哈！昨晚全校至少有二十三个人失恋啦！哈哈，笑死我了！知道为什么吗？哈哈！就是因为那什么演讲！"连续几个"哈哈"引得你不明所以地跟着她说，没心没肺地傻笑。

本来这事儿跟你没啥关系的，可是到了下午，就和你硬要扯上点儿什么了。宋以扬来找你。宋以扬是你发挥"人脸皮厚，天下无敌"的特长倒追的男孩儿，就快得手了。华子跟你咬耳朵："来者不善，施主保重！"你冲她翻了个白眼，然后笑容灿烂地以百米赛的速度冲到他面前，一脸谄媚："以扬！你来啦。"声音甜得能腻死蜜蜂！这与你同华子说话时的虎姑婆样判若两人。班里不明真相的同学一定认为你精神分裂了。

宋以扬可不是你们想的那样来接受你的告白来了。"牛楠，你别逗我了。我想好好学习，不想早恋。昨天的演讲会让我茅塞顿开、幡然醒悟、豁然开朗……嗯，反正就是不能对不起父母。"也难为他一个上课睡觉、下课打闹、不学无术的文科男能说出那些个成语了。

你是强大的理科女，所以没他那么磨叽，大功率的脑瓜子"唰唰"两下理清了他的意图——他在拒绝你！天啊！大前天还拉了你的手说再考虑考虑的他，占了便宜今天就拒绝你了？！你是不是太背了？

哦哦，差点儿忘了，你是理科女，跟我们文科女思维是不同的。以上我的观点翻译成你的原话是："好你个宋以扬，你拒绝我？你疯啦！"情绪异常激动！听到你河东狮吼的华子刚凑到窗口看热闹时，你又来了个540°大转弯（之所以不说360°是因为那样你将又回到起点，540°让你转了一圈又180°）。你满不在乎地摊开手，学美国大片里的主人公的作派，耸了耸肩，"我无所谓啦，只是你哦，你的手都让我牵了，以后谁还敢要你啊！"教室里偷窥的华子黑了线。

童言无忌，童言无忌。这不能怪你，真的。你整天泡在四五十个男生中间，被同化还是可以原谅的。因为你，我对理科女的第一印象都打上了"彪悍"二字，当然，不排除你是例外，但第一印象这种东西还是很容易以一概百的。

黑线的不只是华子，宋以扬也黑线了。他一"文弱书生"岂能抵挡你女侠这般言语。脸一红，脚一蹬，飞似逃走。

你回到教室，仍是一副女侠风范，大气得不得了！华子拉住你，和你握握爪："同志，革命尚未成功，仍需努力啊！"你再度虎姑婆："我谁啊！我牛楠哎！我要找就找怨女嫁了！哼哼哼！"你拿自己的名字调侃，心里似乎一点儿伤也没有。好吧，牛楠小朋友，我有点儿不懂你了。

你依旧每天给满嘴的牙齿晒日光浴，也依旧每天和华子八卦（在你之前，我以为只有文科女才热衷八卦，没想到天下女生一般爱白话），你甚至连每天逛宋以扬空间的习惯都还保留着。

你坚信宋以扬不过是三分钟热度想好好学习，过不了多久就会打回原形。是啊，也不看看宋以扬是什么人，所有的坏事都做尽了的浪子也许会回头，但他绝不会是其中之一。你决定等待。

华子取笑你，你极矫情文艺地反驳："等待不是寂寞，而是幸福。"当然，这不是你的原创，我在一本杂志的边页就看见过的。但华子不同，她是忙得没空看"闲书"的理科女，当她一脸钦佩地看向你时，你傲然45°仰看天空，却最终禁不住毫无形象地哭了。

悲哀如你，仅一个月后，你就在食堂用你的"狗眼"看到了宋以扬跟一个极淑女的妹子坐在一起吃饭了。嗯，我也知道，如果只是吃饭也无可厚非。关键是你低头喝汤仍忍不住偷瞟宋以扬的时候就有动静了。淑女妹妹不肯好好吃饭，撅起的嘴巴能套上一只酱油瓶，那个向你信誓旦旦不谈恋爱的宋以扬竟然宠溺地喂她！

受到刺激的你险些将汤喷到坐你对面的华子的脸上。华子的表情用"宋以扬体"来说就是不知所措，一脸茫然，丈二和尚摸不着头脑，总之她被你吓坏了。特别是作为史湘云传人的你悲戚地说了句林妹妹式台词："华子，我、失、恋、了！"她疑惑地问你是不是发烧了。

你勉强笑笑，不再说话。

是的，你失恋了。失去了第一次尚未成形的爱恋。

如果是以前，我敢拍着胸膛大声嚷嚷："牛楠，就你那点儿小心思能瞒得住我？"

可现在，你真的让我看不透，我再也不敢那么说了。

华子用鄙夷的口吻数落你的怪诞行为，手托下巴45°

角仰望天空；悲伤逆流成河地经过文科楼；魂消香断有谁怜地替落花举行葬礼……总之，你不再是从前的牛楠了。

语文课上，老夫子夸你一句"要是学文科，倒也是块料子"让准备同周公约会的你酝酿出一个更为疯狂的计划。——已经高二下学期了，你要从理班调到文班！

这不是件容易的事，但你确实做到了。华子在你入驻一班的那天，带着理科班四五十名弟兄杀到文科楼，你在一群"酸书生""羞涩女"足以瞪出的眼珠子下和弟兄们一一拥别，像极了金盆洗手的黑社会老大的告别仪式。实在是吓坏了和你同在一班的宋以扬。

自此，你"不做大哥许多年"的日子开始了。取而代之"牛哥"的是一个多愁善感、无病呻吟、矫情文艺、我一准文科女都自叹弗如的、很林妹妹的"牛妹妹"。

一时意气与冲动转到文科班果然不是件好事，你的成绩半死不活。你自我安慰道："不管怎么样，再没人喊我'牛哥'了！"是的，做了文科女的你除了脸蛋、长发、衣着外，连雄性激素也不再无时无刻地汹涌了。

宋以扬的小爱恋在你进班后三周寿终正寝，那个淑女妹妹喜欢上会投铅球的肌肉猛男，于是毫不客气、果敢彪悍地一脚踹了你的王子宋以扬，投奔猛男怀抱。

你听到这个消息，笑疯了地领着那四五十弟兄冲到体育场。见到那个肌肉猛男和淑女妹妹的时候，你就不笑了。淑女妹妹的眼光不错，肌肉男并不是你想象中头脑简单、四肢发达的人物，反而是个眉目干净的帅男孩儿，比起宋以扬那副小混混样儿确实强很多。

你觉得淑女妹妹很会看人，就领着弟兄们回去了。然而一直跟着你逛了圈体育场的弟兄始终没弄清你喊他们去的原因。好吧，说实话，你自己也没搞清。去揍肌肉男一顿？当然不能！保护你去见识一下踹了宋以扬的淑女妹妹？笑话，有那必要吗？

然后，宋以扬就来了。

来向你告白："牛楠，我答应和你在一起了。"他说。有这么不靠谱的人吗？被踹后就想起你来了！早干吗去了啊？！

幸好你还理智，极豪气地冲他摆摆手："你配得上姐吗？"像足了小太妹，好吧，尽管你并不喜欢这个角色。

你将"牛哥"和"牛妹妹"的特征融为一体，豪气又不失文艺地甩下一句："宋以扬，我靠谱，你随意。拜！"怎一个帅字了得地闪人了。

好吧，故事的结尾，我也没搞明白你是否真的喜欢过宋以扬，但我想表达的是：再傻的姑娘都有向大人的果敢靠拢的时候，因为，我们在成长。

我们之间的半岛铁盒

蘑菇蘑菇不开花

唐宥森

1

米卡沮丧地看着镜子里自己的蘑菇头，它现在在米卡的眼里一点儿也不可爱了。

丑死啦丑死啦，米卡扑在床上幽怨地想。她望着天花板上的灯出神，想起来下午发生的一幕。

下午上体育课的时候，米卡坐在位置上用ipad听歌。前面唐远的同桌一边拿着一本杂志感叹"现在书模一个比一个漂亮"，一边摘下了米卡的一只耳机熟稔地戴上。米卡抬起头："你刚刚说了什么？""啊，没什么，唐远，你喜欢哪个书模呢？"前面的女生八卦地问唐远。唐远从书中抬起头，指了一个书模又低下头去做习题了。米卡凑过去看，是一个长头发、齐刘海儿的女孩儿，穿一件复古长裙，很可爱。

唐远喜欢长头发的女孩儿啊！米卡摸摸自己短短的蘑菇头，偷偷比画了一下，长到图片里那么长要一年吧。要是自己当初不图可爱剪蘑菇头就好了，米卡悻悻地想。

2

米卡开始从网上找各种能让头发快点儿长长的偏方，也不管有没有用，用笔记本一笔一画地抄了大半本子。

方法抄好了之后，米卡开始一个一个地试。

穴道按摩法、各种中药搭配、心理暗示法……米卡仔仔细细地按照步骤一个一个地做。一个月下来，能用的方法都用了，米卡的蘑菇头却还是没有突然长长。

不知不觉过了五个多月，米卡已经快把百度上的方法都用光了，头发还是不听话。当然比起之前倒的确长了很多，头发自己也会慢慢长，都及肩了。

可米卡还是不满意，她恨不得把头发用手直接拉长了。

3

周末在家里，米卡和唐远在QQ上聊天，突然说起了米卡的那本秘密的笔记本。

唐远问："米卡呀，你整天抱着那本笔记本，神秘兮兮的，那里面是什么呀？"

"哦，英语笔记呢，你也知道，我英语很差的。"米卡撒了个谎。

"嗯，米卡要加油哦！以后一起考C大吧。"唐远没有发觉被骗了。

"好啊！那我要加油啦！"米卡咧开嘴，对着屏幕呵呵地笑。米卡想：现在的唐远是什么表情呢？肯定是轻浅的笑吧。

这算不算约定呢？

耳机里唱着自然卷的歌：

蘑菇蘑菇不会开花

蜜蜂蜜蜂你不要来采它

蘑菇蘑菇不开花

小姐小姐你还要爱他吗……

4

再过了好几个月，米卡的头发终于长长到米卡心里的目标了，米卡的成绩也足够考C大了。米卡看着墙上的高考倒计时苦恼地想："到底要不要表白呢？"

最后，米卡咬咬牙，决定写封信给唐远。当废纸篓满到不能再满时，米卡终于写好了。她一边伸着懒腰一边满意地折好，拍拍唐远的背，把信给了唐远。

唐远有些奇怪地打开了信，米卡的字写得很漂亮——

唐远：

你记得吗？去年有一次体育课，你同桌问你喜欢哪个书模时，你指了一个长头发的女孩儿。从那个时候起，我就决定开始蓄长发，变成你喜欢的样子。好在它终于长长了。

唐远，说这些其实就是想说：我喜欢你。还有，一起考C大的话，算数吗？

米卡

唐远想了半天，终于想起去年那天发生的事，那个书模他只是随手一指，没想到米卡这个笨蛋当了真。还为这么一件小事努力了这么久。

5

唐远微微地笑，回过头来对米卡说："米卡呀，其实那天的书模是我乱指的，你是个很好的女孩子……"

米卡脑子飞快地转，等等，往往小说中这句话的后面接着的都是"但我们不合适"之类的话吧。

唐远继续说："一起考C大的话肯定是算数的，可是，我也挺喜欢你蘑菇头的样子呢。"

米卡愣了三秒，等唐远转过去才反应过来。欣喜"刷"地闯入每一个细胞，在身体中跳跃。她傻傻地笑了。

米卡想起了桃子夏的三句话情书：

爱是年幼的魔法师
浇灌如蜜的初恋
放出温柔的魔王

米卡现在要高兴爆了。

一个童话
就绊住了嘴巴
半开的樱花
飞起来啦
眼镜也该擦一擦啦
蘑菇蘑菇它不会开花
蜜蜂蜜蜂你不要来采它
小姐小姐你还要爱他吗
你不用开花
笑一个吧
就很迷人的啊
——自然卷《蘑菇之歌》

"私奔"到月球

有关郭小白

潇湘1998

1.郭小白也害羞

高三时的郭小白是一个不像女生的女生。她梳着短短的头发混在一群男生里与他们称兄道弟；她托着脸盆大的饭盒冲进食堂买鸡腿，尽管还有一分二十三秒才下课；她在演讲比赛的麦克风前引吭高歌；她在圣诞Party的舞台上大秀街舞……总之，一切可以显露自己的地方她都出尽风头，以至于全校师生都知道那个会唱会跳能叫能闹的像男生的女生叫郭小白。

只有布兜翻着白眼掀着鼻子说："郭小白啊郭小白，你怎么就不知道害羞为何物呢？"每当布兜这样抱怨的时候，郭小白总是龇着两颗小虎牙没心没肺地笑，眼睛眯成一条线。

谁说郭小白没有害羞的时候？比如，她见到楼上理科班的蓝天的时候，就害羞得手脚都不知道往哪儿摆了。

布兜无奈地摇摇头说："郭小白啊郭小白，你可是陷得够深的啊，别忘了，这已经是高三了！"郭小白知道，所以她认真地做每一道绕弯子的数学题，所以她仔细地记复杂的单词。目的只有一个，就是考上蓝天的那所学校！

"蓝天学习很棒哦，理科王子，你要努力了！"这是布兜用来激励郭小白学习的唯一一句话，也是最有效的一句。

关于蓝天的一切都是布兜打听来的。安静，稳重，爱笑，有点儿孩子气又不失成熟，功课一级棒。布兜将蓝天描述得像童话里的王子。

郭小白终于在那个早晨再次目睹了王子的"芳容"。

那个季节，校园里的法国梧桐的叶子已经开始变黄，开始凋落了，郭小白站在走廊边看王子骑着单车由远到近再到远，看穿着干净的白衬衫，周围散发着毛茸茸的光芒的王子安静的路过清晨，她衔着柠檬棒棒糖的嘴角抿了抿，眼睛不怀好意地眯了起来。迎面吹的风有些凉，但郭小白感到心底的温暖在泛滥。

2.怎么可以流泪呢

转眼到了冬天，梧桐的叶子早已落光，只留下光秃秃的树干在北风里傻傻地站着。

郭小白的成绩在一大截一大截地提高，视力也在一格一格下降。终于，郭小白光荣地戴上了一副黑色宽边眼镜，但还是喜欢眯着眼睛看人，郭小白觉得这样会看得更清楚些，尤其是在偷窥王子时。布兜叹口气说没办法，已经形成习惯了。

不幸的是，这种习惯闯了祸。

一个冬天的上午，郭小白仍旧有些自恋地目送王子离开。他骑着单车过来了，可是郭小白的表情有些呆滞，因为她看到蓝天载着一个女生——一个漂亮的女生。

可惜此刻没有飘落的梧桐叶子来掩饰郭小白的伤心了。

郭小白的心微微的有些疼，她看着王子的单车就那样晃啊晃啊的越走越远，其实是她眼里的东西在晃啊晃啊。直到布兜走过来将郭小白的眼镜摘下，用袖子轻轻揩了揩她眼角咸咸的东西。

布兜从口袋里摸出一张照片，是郭小白第一次偷窥王子时傻傻的表情。一缕橙色的晨光打在郭小白前额的发梢上，有些可爱。

"我偷拍的。"布兜低声说。郭小白就笑出了声。

她嗅到布兜的衣服上有柠檬香水味，那种涩涩的，有些春天气息的味道，郭小白掀了掀鼻子，学着布兜的样子说："郭小白，你怎么可以流泪呢？"

3.有点白痴

郭小白就是郭小白，依旧是那个出尽了风头的女生。她越来越多地抢占了布兜第一名的宝座。老师们都微笑着炫耀，郭小白和布兜是我们班里的两个好学生呢！

只有布兜知道，郭小白考大学的目的始终没有改变。郭小白曾经咬着牙齿恶狠狠地说："我是郭小白，我怕谁！"

郭小白的头发越来越长，开始盖住了眉毛，一直到6月都没有剪掉。因为布兜说："郭小白，还是长头发的你比较好看。"

经过了数不清的黑暗的日子，终于在那个午后，郭小白吹着口哨扬着眉毛从考场中走出来。她站在花坛上透过黑压压的人群努力寻找那个曾经那么熟悉的身影，因为郭小白压抑了半年之久的感情需要流露，可是，只有越来越近的双手插着口袋的布兜的轮廓。

郭小白突然就泄气了，那么热情的太阳烤得谁都会发蔫。

一阵小小的风掠过，郭小白已经到肩膀的头发就轻轻地飞起来。看着郭小白的眼圈渐渐红了，看着郭小白的泪珠啪嗒啪嗒掉在黑边眼镜上，看着郭小白一屁股坐在花坛上抹眼泪，头发遮住了脸，布兜的心，真的疼了。

布兜蹲下身，一字一顿地说："郭小白，你真有点儿白痴。"

那个关于蓝天的故事是我故意编出来刺激你学习的，谁知道你这个傻瓜居然会相信。蓝天是谁我都不知道，可是你竟然稀里糊涂地喜欢上一个不认识的人，真滑稽。

郭小白的眼泪一下子就泛滥了。

原来那么美好的东西只是虚幻的梦境。

4.其实你也很可爱

在那个有些闷的燠热午后，郭小白和她仅有一墙之隔的布兜同时收到了相同的录取通知书，布兜高兴地在墙那边嚷嚷："郭小白，郭小白，你看是A大唉！我知道你的也一样，我们还可以再做四年的同学！"

郭小白的手微微有些颤抖，她掐了一下手臂，很真实，不是做梦。郭小白的泪水又汹涌起来。

布兜和郭小白面对面坐在南下的火车上，郭小白要去上大学了，和布兜一起。布兜兴奋得一直说话，郭小白默默地望着窗外，有些大义凛然。

布兜突然眨巴着眼睛说："郭小白，你的眼睛很好看。"

郭小白突然跳起来，抓起一块面包塞进布兜嘴里，给我闭嘴。

布兜有些不知所措，只能用无辜的眼神盯着她。看着布兜滑稽的样子，郭小白又笑出了声。

过隧道时，一片黑暗。郭小白低低地说："布兜，其实你也很可爱。"

"私奔"到月球

木各格

"我刚下飞机，你赶紧收拾收拾，最迟一个小时后跟我在火车站碰头，大爷我带你私奔，本次活动代号'SB（私奔）计划'。"

收到老农这条短信的时候，我正坐在西安古城墙的某个角落里一边啃着苹果一边翻地图纠结着下一站要往古城的哪个旮旯跑。于是默默在心里鄙视了三秒后，我迅速地回复道："敢在老子面前自称大爷，不想活了吧！去哪？PS：这代号真的很适合你。"

"人妖请自重。夏河。"

"我就剩几百了，估计扛不住。"

"有我在饿不死你。赶紧的，怎么跟个娘儿们似的婆婆妈妈。"

看到回复的瞬间我果断扛起一旁装有我全部家当的背

包以秒杀乌龟的速度搭车去了，当然手上仍不忘继续短信耍贫嘴。

其实很长一段时间我都在琢磨"私奔"这玩意儿，不过它的词义到了我这儿显然就完全跑偏了，甚至可以理解为是由一男一女所合成的穷游拍档，就像老农和我目前这情况。

用某易的总结陈词就是，二十岁以前，至少要谈一场轰轰烈烈的恋爱，哪怕没有未来；至少要追逐一回随心所欲的旅行，哪怕只是穷游；至少要经历一次义无反顾的私奔，即便无关爱情。不过像格子这种挨千刀煞风景的理解真应该拖出去撞豆腐一分钟。

其实她不知道，老农的想法更可耻：找个一拍即合的妹子打着私奔的幌子行旅游之实顺便忽悠不知情人士。相比之下我真是个纯良的好姑娘啊，不过从他的短信回复来看显然他就没把我当女的。

然后在由西安开往兰州的火车上，当坐在我们对面的大叔大妈终于按捺不住问出了老农心中期待已久的问题时，他特别严肃又特别神秘地挤出了俩字——"私奔"。于是在经历了瞬间石化和风化又重组的过程后，大叔大妈用忒淡定的眼神打量了我们俩一番，跟调查户口似的问了起来。

"这可不是闹着玩儿的啊，家里知道吗？"

"我爸知道，她家里不知道。"这是实话，我妈只知道我出来溜达了，具体去哪儿和谁她一概不知。

不过这话听着怎么这么别扭，就像是我为了爱情不顾家里父母跟着心爱的人出走似的。而且对面那大妈似乎还跟我想一块儿去了，特语重心长地看了我一眼，一副欲言又止的样子。那眼神看得我就差没泪流满面了，我的一世英名啊，都让老农这家伙给毁了。

"你们都还年轻，以后的路还长着呢，有什么事不能跟家里商量，非得出这样的主意。"

"他让我跟他走的，还说有他在不用担心饿着。"我指了指老农，小声回了句。这也是实话，只不过具体指代的内幕我没说明白而已。

于是我如愿看到大妈用同样意味深长的眼神打量起了老农，而大叔则有点儿小激动地拍了拍他的肩膀："小伙子，有你的啊。"然后老农有些尴尬加心虚地摸了摸鼻子开始各种转移话题，一直撑到二十分钟后大叔大妈中途到站先下车为止。

也因此在接下来的车程中我们都没敢再提"私奔"俩字，直到历尽千辛万苦抵达夏河准备在草原上搭帐篷时。

"是哪个家伙说东西都备齐了叫我果断跟上就行的，一个帐篷怎么够用啊？还是单人的！"

"我以为你自己有带嘛，没想到你如此好吃懒做，看来是我高估你了。"

"我这次出门又没打算露营带那个锻炼体能吗？你以

为谁都跟你一样需要减把啊。"

"睁眼说瞎话这种事情你做起来还真是得心应手啊。"

于是，一番吐槽后的最终结果就是我们直接将帐篷拆了和垫子一起铺在草地上，一边躺着数星星一边闲聊了一个晚上，我估计这真是史无前例的"私奔"了。

"你知道我爸听说我要带人私奔时说什么吗？"

"说。"

"真没出息。"

"哈？"

"私奔算什么，有本事就等过几年直接去领证嘛。"

"我不想吐槽了。"

"唉，其实他这主意也不错，可惜你不是女的啊。"

"嗯，屌丝。"

"货真价实的。"

……

记 老 温

小太爷

温一楠出现在我妈家的那年，他三十五，我妈四十，我十六。他偶尔来坐，我在旁边的屋里写作业，探头望他的时候发现他也在抻脖子看我——这种感觉还是很难受的。

我爸妈离婚后，我两边打游击，这儿住两天那儿住三天。敌驻我扰，敌疲我打，他们也跟我练这个。我前脚一走，后脚新任就来。有一次我在路上走了一半，发现手机落在我爸家了，再回去取时他半天不开门。好容易敲开了，我刚往屋里一走就看到墙上挂了件貂皮大衣，当然我啥也没说。

因为要中考，所以我长住到了我妈家。温一楠就是在这种情况下闯到了我生活里。他看起来比真实年龄要年轻许多，个子高大，不胖不瘦；长得其实也还看得过去，眼睛尤其亮，笑起来很温和。

"你到底喜欢我妈啥啊？"我妈下楼买挂面，我从书房走出来，直眉冷眼地问道。

他一愣："我……"

"我妈没多少钱，当年跟我爸打官司家财耗尽，最后为了给我留点儿东西净身出户。"

温一楠再愣，然后舒开了平时总是拧着的眉心："没事，你妈没有，我有。我养你们。"

那天晚上我趴在桌子上问我妈到底喜欢他啥，我妈摆摆手："我不喜欢他，他缠着我。"

"啊？"

"他哥哥喜欢我，但是他哥哥去世了。他想替他哥哥照顾我，你说我会接受吗？"

我觉得，这事儿搁一般人，大概都不会的——而且搁一般人，也不会像温一楠这么傻。

一个月之后，我参加了考试。考完试大睡了三天，打电话给我爸，结果他在外地陪他新妻子和她女儿玩儿。听他说这话的时候突然就很想哭，但还是忍住了，默念"谁离了谁活不了"，就听见有人敲门，打开门发现是温一楠。

他很拿自己不当外人地走了进来，手里拎了很多菜，边走边介绍："你妈临时有事儿，我来管你一顿晚饭，想吃点儿什么？"

"小鸡炖蘑菇……味儿的方便面。"我关了门也往屋里走。

温一楠把菜放到厨房，脱了外衣换上围裙屋里屋外地忙活，半天才从厨房探出头来："吃排骨吧！"

我不高兴地甩脸子："不吃。"

温一楠奸笑："反正我都炖上了……"

他是记者，年轻的时候教过几年书。我咬着筷子问他："为啥不在学校待下去？"

温一楠摇头，夹了块肉给我："我讲课没人听。男生都在后排打扑克、斗地主，女生们发短信，一上课就嗡嗡的。"

"进苍蝇了？"

"没有，手机开震动。"

我笑得直不起腰来，他倒是很淡定。

"那后来为什么又决定当记者了？"

他答得流利极了："本专业啊，我就是学新闻的。不过一行也有一行的难处，我原来跟大会的时候，听市长说有些人招商引资——来你这儿捞把钱就走，留下一个烂摊子！听得我特别难受。"

"难受那就走啊，不干了。"

我在他下筷子之前抢走了最后一块排骨，他只好抹抹嘴接着说："所以我现在只跟社会新闻啊，就是谁家跑个水啊，哪里井盖丢了什么的。"

"完事儿你还特高兴？"

"高兴啊，踏实。"温一楠眼睛转转，"好吃不？"

我一边告诉自己不能表扬他，一边却拗不过我诚实的味蕾。

"真的很好吃啊，你什么时候还来啊？你在家是不是天天做饭啊？我去你家住好了……"

暑假到了，我天天闲在家里。我爸带领着他的后闺女走遍三山四水，踏过七洲六国，一路凯歌西行。我把原来想看的电视剧都补上了，看得昏天黑地。当然，这种日子里也不是没有期待，我期待我妈去别的地方学习什么的，这样温一楠就能来给我做饭。

有一天，温一楠突然给我打电话，电话那边车水马龙的，他应该站在某个街头扯着嗓子喊："出来玩儿啊小丫头！"

我喝了口茶，化身抠脚大汉："不用啊少年，给老子做顿饭就好。"

"别闷着了，该长毛了，看电影啊咱俩！"

当我坐在电影院里被冷风吹得瑟瑟发抖的时候，我真心觉得温一楠是故意的。我都恨不得把他扒了——然后把衣服裹到自己身上。

"要不咱走啊？"温一楠问道。

"走走走走吧……"

　　我俩刚走到电影院门口，就看见了我爸的后闺女。她一身亮片，和一红毛小帅哥勾肩搭背甚是亲密。她看到了我，我也看到了她。我俩对视了一会儿之后互相靠近，靠近到她可以指着我鼻子骂的时候她开了口——

　　她一挑眉毛："你……这，半斤八两啊。"

　　我立马就怒了，伸手就把我身上披着的温一楠的衣服扔到了她脸上："你……"温一楠赶紧来拦，"你谁啊？"

　　"你问她！"她指我，"怪不得你爸不要你。我还当是什么好孩子……"

　　"你当谁都跟你一样？"我当时撸了袖子就要冲上去跟她打。红毛小帅哥不乐意了，为了捍卫自己女友的尊严也冲了上来。

　　"都退一步退一步。"温一楠拽着我拦住小帅哥，自我介绍道："我是她邻居，她妈妈有事情让我带她一会儿。"

　　她看了我俩一眼，什么都没说就走了，小帅哥愤愤不平："你给我等着。"温一楠这次倒是很硬气："冲我来，我等着。"

　　我瞪了温一楠一眼："你凭什么掺和我的事儿啊？你是我什么人啊？"

　　温一楠像个面瓜，低声劝我："我是你邻居家的叔叔啊，是吧？治她的方法有好多，咱不用选这下下策。"

我趴在他肩头哭，哭得气都倒不过来："本来就是我的东西，她凭什么抢得那么理直气壮……"

温一楠道："何必拿别人的错误来惩罚自己？过得比他们更好才是气他们的唯一方式。"

我忽然一下停住不哭了。

我休完了假，到了高中报到。来的那天我妈和温一楠一起来送我，收拾妥当之后我妈把我叫到走廊里，抓着我的手就开始哭。我冲温一楠努嘴让他劝劝，他摇摇头："你妈最近一直这样，让她哭够了就好了。"

吃晚饭的时候我妈走了，温一楠借着采访的由子留在学校，跟我吃了顿饭。

我坐在他对面，挺难过地说："我上学是好事情，叫我妈别难受了。"

"你妈就你这么一个孩子，你走了她什么依靠都没有了，她怎么能不难受？"

"她不是有你？"我话刚出口，就觉得好像是说错了。再看温一楠那一脸的得意，觉得这话——真的是说错了。

我强辩道："我告诉你啊，我可没同意。"

他蛮释然："时间那么长，我等两年无所谓，慢慢来。"

学校两周一放假，每到中间那个不放假的星期六，我爸就会来给我和他后闺女送顿饭。其实都是挺普通的快餐，我不觉得有什么好吃的。而且这用餐过程对我来说整个就是一折磨，听着她跟我爸腻腻歪歪地诉苦说累，看着她跟我爸装乖卖傻。每到这个时候我总是别过头去看外面，心里不得劲儿，嘴上一句话也说不出来。

有一次我爸又来，我们仁正坐在车里分东西。忽然有人敲车窗，摁下车窗发现是温一楠。

温一楠满脸笑容，温柔又和善地跟我爸商量："我找然然有点儿事儿。"

在我爸后闺女仇恨的目光洗礼下我兴高采烈地冲下了车。

温一楠不好意思地挠头："我车没你爸车里空间大，要不你拿着回去吃？"

"我坐门口扶手上吃也绝对不回去！"

"娘娘有脾气，小的佩服！"他笑得眯起了眼睛。

我悠悠地叹："不让臣妾吃好吃的，臣妾做不到啊——喂，我来问你个问题。"

"你问。"

我放下筷子，迟疑了一会儿才问："你是真的喜欢我妈吗？我妈说你是为了你哥。"

他拍拍我肩膀："这个……你还小，等以后再跟你说。"

我严肃起来："我妈只有我，我得知道她在跟什么样的人在一起吧。她肯定也想知道，你跟她在一起到底是为了什么。"

温一楠咬了咬下嘴唇："这么跟你说吧。"

这么跟我说吧——

温一楠他哥是我妈的初恋，只是温一楠他哥不靠谱，给我妈害得挺惨。后来我妈稀里糊涂地嫁给了我爸，从此开始了不幸福的婚姻生活。他哥浑浑噩噩地混了很多年，终于身染恶疾。最后的时候拽着温一楠的手说他这辈子不觉得欠过谁的，就觉得对不住我妈，让温一楠多帮帮我妈，给他还还债。

我反应过来："你哥只说让你帮帮我妈呀！你不至于因为这个就娶她吧？"

温一楠低头，那一瞬间我竟然觉得他有些羞涩："那就不许……我喜欢你妈？"

"我妈大你五岁！"

"三十年之后谁都一样，看不出来。"

"我妈说这辈子就要我一个孩子！"

"反正我也没孩子，放心，我一定把你当亲生的。"

"我妈跟我脾气一样大！"

"沈然同学，"他认真地看着我，"我觉得看上一个人要想和她过一辈子，就得接受她的一切。脾气不好怎么了？我脾气好啊，我可以慢慢地感化你妈。我现在不是十几二十岁了，我想得挺清楚挺明白，我喜欢你妈喜欢你，你喜欢我，这就挺好的。你妈不喜欢我，我可以努力啊。"

再后来他给我讲了个故事。

我妈在医院的化验科工作。之所以能和温一楠他哥认识，正是因为我妈那会儿年轻，给温一楠抽血的时候手抖总是扎不准，才把他哥惹火了。温一楠那时候十九，只觉得我妈好看，结果上完一学期的课回来发现这人成他哥女朋友了。他当时心里也很窝火，但是没法儿说。直到他工作以后，有一年单位组织体检，他去抽血，结果又碰见我妈。我妈认出了他，说起当年的失手事件，我妈说见他第一面就觉得很熟悉，熟人下不去手。

"说完你妈笑着，又给我扎了第二针……她又扎偏了。"

那天晚上我给我妈打电话："温一楠人真的很好，你收了他吧。"

我妈在电话那头叹气："谁也架不住一不理他就去医院抽血啊，明知道我手抖……"

我现在信了温一楠的话，打败对手的唯一方法就是过得比他们还好。我假少，也很识趣地不回我爸家。某天我正和我妈玩跳棋，温一楠在拖地，我爸的电话忽然打了进来，求我给他后闺女补课。

让我就这么轻易地冰释前嫌？臣妾做不到啊！

"我补课不比外边便宜啊，你另请高明吧。"

温一楠蹭过来："爽吧？"

我本想装个深沉，但很快绷不住："爽！"

爽了半天我说："我可以教她写作文。"

我妈偏头问我："啥？"

"记一个为人民服务的、脱离了低级趣味的好人——温一楠。"

谢谢老温，谢他给我一个家，帮我照顾我妈，帮我妈照顾我；谢谢老温，传递给我正确的三观，让我知道世界上还有好人；谢谢老温——肉给我留一块别跟我抢啊你！

就这样吧。

二 八 纪 事

付　钧

1. 光荣战争

我愤怒地集中意念视觉毁灭着面前的韭黄炒鸡蛋，好像这半盘死去的植物和半盘炒咸了的鸡胚胎能给我带来点儿异样的兴奋。就在刚才，我已经和母上大人交战了几个回合。

事情的起因大体有点儿扯，新年期间七大姑八大姨举办的"别人家的孩子"主题大赛我毫无疑问地完败。不过在我特贫嘴地调侃了那些优胜者后，多少让我有点儿自己还不算特别差的假象。

"你舅公人家全家都是博士，最次的都是研究生。"老妈适时地提醒我。

"人家比我大。"我不以为然地夹了口韭黄。

"你舅舅的儿子女儿都在重点中学，一中的阿姨还问你要不要让她帮你补习。"又是不紧不慢又有点儿逼人的语调。

幽幽地端起青绿色的清汤，喝了一口："不用那么费心，我知道他们看不起我，我知道。"自卑地活了十几年一直干不过他们，这点儿脸皮和革命自知性还是有的。

我知道有些话说出来总能引发斗争，但是我就喜欢说出来，就像以前明知道会被揍还坚持故意把呕吐物吐老爸一身一样，起码发生时感觉是畅快淋漓的。

接下来，老妈从头发卷烫、细跟高跟鞋配着宝蓝色短裙的时尚女渐变成唾沫横飞、膀大腰圆的市场大妈。

我受够了唠叨，头也不回地跑走。今天是星期天，也要回学校了。

我觉得我好像赢了。

2.年华似水不似漱口水

长这么大，我觉得自己过得挺窝囊的，好像没做过什么有意义的事情，不过在宿舍里聊天的时候发现其实大家过得都一样，都不过是两条腿漫山遍野跑的小蠢蛋。

周日上晚自修的时候，神游了很久，暂且把这种发呆脑袋放空称作冥想，醒来的时候已经是第二节下课了。

趴在栏杆上凉风习习地吹着，刚才好多作业没做，也没心情去心疼了。我的童年我一直给自己的定义是死掉的好时光，而我的现在，怀着对过去的肯定，对此时的迷茫，对未来的恐惧。无知，只能是我贫瘠的形容词里比较贴切的一个了。

3.像少年一样飞啦

"这张照片里的小孩儿是你吗？"有比较熟识的女生翻出我书里夹着的照片。

"嗯，是我啊，不是捡的。"

"哇！你以前好可爱啊……"

照片上的小孩儿皮肤白皙，两颗小眼珠子闪亮亮的，不知道在看向哪里。

对啊，要像小孩子一样。

明天就回去向老妈道歉。

嗯……我的生活费没拿。

教官是正太

歌 笑

五天前——

"妈，你真忍心把我送走？我这么乖巧可人、甜美温柔的女儿要是被教官活活虐死了你上哪找啊？"我死拖着老妈的袖子扯着嗓子哭得梨花带雨。

"滚！"话音刚落，我就连人带包被那个残忍的女人一脚踹进了国防夏令营。

1.活捉一正太

烈日当空，操场上拥着几百号等着各连教官领走的人，哀号声源源不断。这让我想到了待宰割的猪。

"嘿，好久不见。"阿黄凭借体格庞大的优势，挤开汹涌人潮，见到我扑上来就一熊抱。

"这位兄台，大白天的勾勾搭搭不好吧，我是正经女子。"

"哎，这是哪儿的话啊，像您一样又呆又二长得还像恐怖片一样的女子是不用担心会被吾辈调戏的。"

在众人翻白眼之际我和阿黄的"好基友相认模式"早已启动完毕。末了，我俩手牵手深情相望，许久不语。阿黄后来告诉我说她想的是：军训了，终于到了好朋友经历"共死"的时刻了；而我心里嘀咕的是住宿时如何把阿黄包里的零食搜罗过来……

"教官来了！"不知何方声音一起，几百双眼睛齐刷刷地朝操场入口张望。

一个、两个、三个，一连出来几个教官，个个魁梧彪悍，还有几分屠夫的架势，看得我的心拔凉拔凉的。突然，从某个浓眉大眼的教官身后窜出一个白净小生，带着含笑的眼睛、顽皮的笑容就径直走到了我的连队前。

善哉！我歌笑倒霉十几年终于大逆袭了！教官竟然是正太！

"教官是正太？！"八连全体的欢呼声在充满哀号的操场上显得格外诡异。

2.这一开始就是个阴谋

问：世界上最大的错误是什么？答：以貌取人。

谁说长得软就好欺负？

"头都给我抬起来！怎么着？长得没脸见人啊！""别看了！地上有钱也不是你的钱！是我的钱！"……训练一开始，我的耳朵根就永别了清净的美好时光，翻着白眼看教官从连队前方"骂"到连队后方，嘴皮子功夫怎一个"牛"字了得！骂到激动处还随机赠送爆栗一枚，真是够了够了！

谁说长得乖就是好人？

太阳公公亲切地看着我们，给我们以最温暖炙热的怀抱。我们在发烫的操场上保持着单脚着地的状态，吸取日月之精华的汗水滴答滴答。

"想不想喝水啊？"虚渺的声音从遥远的树荫下飘来。

"想！"

"三分钟够不够啊？"

"不够！"

"那就继续待着吧。"

谁说长得萌就不二缺？

终于熬到了休息的时间，飞奔到阴凉处享受微风的抚摸，真爽！一抬头，烈日下，教官在操场正中央挥着小手绢招呼我们，笑容甜甜："徒儿们坐过来，这是为师画的一个圈儿，你们待在里面都不准出去。"

……

阿黄凑近我的耳朵："笑笑啊，我怎么觉得这么瘆得慌。我们是不是上了贼船？"

我痛定思痛：这一定一开始就是个阴谋！

3.其实也还蛮可爱

四天的日子闹着笑着也就过去了，转眼就是最后一天。

早晨6点半。

"那什么，今天要进行汇报演出哈。咱女连一定要走出气势，告诉大家老娘过来了！全都给我看到老娘！"一大早正太就把我们从宿舍里全拽了出来，盘腿坐在我们中间，叽叽呱呱说得唾沫横飞，传说中的泼夫？全然不顾我们接二连三的哈欠和脸上挂着的、密密麻麻的黑线。

早晨9点。

"五连六连的！走那么好干什么！随便走走等出去了爷请你们喝扎啤！"入场前，正太偷偷摸摸潜入别的连队。

我们抬头数乌鸦，这个二缺怎么可能是我们的教官呢，我们不认识他……

中午11点。

"教官，我们马上走了，给我们唱首歌吧。"

"啊？我不会唱啊。"

"没事，随便唱。"

"哦好吧。团结就是力量，团结就是力量，这力量是铁……"

我知道，我们肯定是又为难这厮了……

中午12点。

"教官你电话多少啊？"

"110。"

……

其实，无论是毒舌正太还是卖萌泼夫，如果排除经常被雷得里嫩外焦的可能性，他还蛮可爱。

4.怀 念

到了要返回的时间了，正太装作很不情愿的模样、扭扭捏捏送我们上了车。

"熊孩子们终于走了，没人烦我了，哈哈哈。"他叉腰仰头笑得花枝乱颤。

我们难得没回嘴。

心里其实都明了，怕这就是永别了吧。但是正太啊正太，这装疯卖傻的军训时光，和你在一起的互相叫嚣的二缺时光，是我们所有八连女生心中最嗨的回忆。

嫉妒和朋友

芃陶陶

别人有良好的家世，姣好的面容，聪明的头脑，过人的才识。

你，嫉妒过吗？

烈日炎炎，主任校长什么的在升旗台上唾沫横飞，台下的学生昏昏欲睡。我慵懒地靠在朋友的身上，隐约听到几个名字。阳光直射下来，在视野里形成一个模糊的光圈，我把手放在头上，感觉有点儿晕眩。

哦，原来念的那些名字是这次期中考试优秀学生的名字。

我听见你的名字是第一个，嗯，年级第一。

我的目光越过操场上密密麻麻的人头，在人群里搜寻你的身影。不消几秒，我便找到你的所在。已经习惯在人群中望着你所在的地方。

你没有穿校服，穿着一条鹅黄色的裙子，裙子的背部是一只镂空的银色蝴蝶。把你的脸色衬得很亮，一向词语极度匮乏的我，突然想起语文课上老师教的词语"人面桃花"，我想，大概就是你这样的吧。

"很漂亮，真的很漂亮，对吧？"后面的女生扯着我的袖子小声地说。我点点头，笑着说："嗯，很漂亮，漂亮到让人……嫉妒。"

校长在台上大肆表扬了这次考试成绩优秀的学生，反复地提起你的名字。麦克风的声音很大，震得耳朵微微发疼。

放学后的街格外拥挤。背着书包成群结队的学生像潮水一样涌上街道，周围是来来往往的人群，喧闹非凡。

我提着书包站在街道的香樟树下，垂着脑袋想着今天晚饭吃什么。你被很多人簇拥着，像个公主，不，你本身就是公主。你远远地朝着我挥手，继续笑容甜美地和周围的人热络谈天，亲切得像多年的好友，然后你们拥抱道别。

"抱歉，让你久等了。"你向我跑来，长长的头发随风飘着，好看得不像话。

"我们走吧。"我说。

你点点头。

我们就这样慢慢地行走在街道上。一路上，你兴奋地和我分享着你今天的所有开心事。你雀跃的表情，手舞足蹈的样子，很好笑，也很好看。

我一直都知道你很优秀很优秀，优秀到站在你身边的我每分每秒都在自惭形秽。

走到十字路口的时候，我们自然而然地分道扬镳，你的家与我的家一南一北。我像往常一样说了声再见，再挥挥手道别。

你却没有像往常一样开个不痛不痒的玩笑后转身。

转身之后，我感觉我的马尾被轻轻地拉了一下，你的声音从后面传来。

"你今天都没怎么说话啊！怎么了？"你温柔的嗓音在耳际。

亲爱的，亲爱的，我没法控制自己。

我呀！快变成童话故事里嫉妒公主的可恶巫婆了啊！

可我该如何向你祖露我的内心呢？

回家后把这件事说给平时感情亲密的妹妹听。妹妹啃着一个大苹果，听完后，惊讶地瞪大眼睛张着嘴巴，半天没说话。许久后，她开口道："你怎么可以嫉妒她呢？她可是你的朋友啊！朋友！"后面的那个词，妹妹咬得特别重。

对啊！你是我最要好的朋友。我怎么可以嫉妒你呢！

我在心里轻轻叹息：正因为是朋友才会嫉妒啊！我嫉妒的是我的朋友。

世界上比我优秀的人那么多，我只会远远崇拜，远远仰望。但是，因为是朋友，朝夕相处，在生活中点点滴滴做的小事细节，总会被大人们拉出来对比对比，在数不清的对比里积攒的失落、悲伤，在心里种下种子，在不经意间破土而出，萌芽。

唉！我的朋友啊！

在日渐紧张的学习里，在日益繁复的内心里，我感觉有两个小人在我的心里打架。

我坐在桌前，看着堆积如小山似的作业，无力地垂着手，想此时此刻的你是不是轻轻松松就搞定了一切，正悠闲地坐在电视机前看你最喜欢的动漫片。我似乎都可以看见你微翘的嘴角，不管什么都不会为难到你吧？

窗外的爬山虎正生机勃勃，茂盛地生长着，几个没被覆盖的地方，露出石砖。墙上的石砖有一种因为长久被时光揉搓而产生的细腻质感。刚认识你的时候，还没有这面墙，突然发现，原来，我们已经认识好长好长时间了。

突然，眼睛被一双柔软温热的手覆盖，世界陡然一片黑暗。

"猜猜我是谁？"

你故意把声音压得低低的，温热的气息扑到我的脖子。熟悉的味道，熟悉的百玩不腻的把戏。

"你是谁？晓晓？阿夭？还是小七？"我配合地说。

你把手放了下来，咯咯地笑个不停。

视野恢复清明。

"真笨，老猜不出来。"

"对啊，我真笨。"

你又笑，眉眼弯弯。我们在床上用枕头打闹了很久，累得满头大汗。最后，双双躺在床上，我的长发纠缠着你的长发，你说，头发这样弄的闺密就会好一辈子。

我笑了。此时此刻的自己内心明媚如暖阳，我好像已经知道心里两小人打架的胜负了。

真好，真好。

要好一辈子啊！

我生病，发烧了。

昏昏沉沉睡了一天之后，我看见你背着书包从门口进来。你放下书包，走到我的床边，居高临下地说："真没用。你知道吗？我今天一个人回家，路走起来是那么漫长，好像走也走不完一样。都没有人和我说话，没有人在我讲笑话的时候配合地笑。"

我抬着沉沉的眼皮看你轻声道："你不会找其他朋友吗？你不是有很多朋友吗？"

你背着光，看不见表情，说："他们都不喜欢我讲的笑话，也不会在捂住他们眼睛时，和我配合地玩这个幼稚的游戏。"你顿了顿，轻声地说："他们呀！总归不是你，那个我被欺负了还毫无条件站在我一边的笨蛋。"

我舔了舔干裂的嘴唇，慢吞吞开口："你知道吗？我很多时候都很嫉妒你。嫉妒你为什么那么漂亮，成绩还那么好；嫉妒你有令人羡慕的人缘，有着所有小说主角拥有的光环。而我呢，就是恶俗小说里的配角炮灰！你知道什么是炮灰吗？嗯，炮灰他们啊，资质平庸却努力非凡，他们永远被用来启发和激励主角，制造和开解误会，必要时还要替主角挡子弹。只有幸运的人才能死在主角怀里，得到两滴眼泪。嘿嘿！这可是很官方的解释哦！

"我不想当炮灰，奈何你的光芒太耀眼，耀眼到我自己都看不到我自己了。"

我看见你身后有风吹来，把你宽松肥大的校服吹得鼓鼓的。你沉默地朝着我的方向前进了一步，将自己的脸暴露在空气里。

我伸手捏了捏你垂在床沿的手，说："你知道我刚刚做了个什么梦么？我呀！梦见两个小人在打架。一个穿着白衣服，一个穿着黑衣服。知道吧，电视剧都那么演，白衣服的是好人，黑衣服的是坏人。白衣服代表我们过去美好的记忆，黑衣服代表我内心里的那些坏情绪。"

你忽然开口道："那结果呢？"

"结果啊！好人必有好报。"我看着你的眼睛，很认真很认真一字一句地说。

"它，获，胜，了！"

你笑了，笑得明媚张扬，似乎把房间里所有的阴暗都给驱散了。

嫉妒不是一种好东西，它会使人疯狂。可是，并非所有嫉妒心最终都会演变成惨烈的结局。我们的生活终究不是小说，没有那么多阴谋诡计。关于嫉妒你的这件事，也并不意味着我的阴暗面有多么凌厉。

我会努力让自己成为善良、明媚、温暖的姑娘。

论学医如何改造三观

榄椴椴

药理老师说，爱情就是去甲肾上腺素、五羟色胺、多巴胺这类结构里含有贝塔苯乙胺的化学物质。而爱情最长可以维持五年，这是贝塔苯乙胺的寿命。多吃含有贝塔苯乙胺的食物可以延长爱情保质期。

也就是说，想知道爱情的滋味吗？吃块巧克力吧，满满一口的贝塔苯乙胺。

那天，天空很高风很清澈，你的侧脸嵌在铺天盖地的日光里，突然我心动，而这一切的美好，很可能是因为我刚嚼了一块又一块巧克力。

学医之后看到蒲公英就想到病毒结构，看到成片的狗尾巴草就想到小肠绒毛，看到萤火虫就想到荧光试剂……显然现在是连爱情都不能放过了。我可能再也矫情文艺浪漫不起来了，垂头叹气。但是说得仿佛我曾经文艺浪漫过一样好像也不是很好。

你以为幻灭的只有这些形而上的星星月亮吗？当然不是，对于我这种俗人来说，关于形而下的精神攻击才是杀伤力四颗半星。

病理老师上完生殖系统和乳腺疾病那堂课以后，我默默发了一条微博："老师，你在形容肿瘤的病理变化的时候放过食物好不好，你这样要我以后怎么继续单纯快乐地吃菜花、腊肠、鱼肉、葡萄干、牛肉丸啊。"耳畔仿佛依然荡漾着老师的声音："你们看这颗肿瘤像不像牛肉丸……牛肉丸……富有弹性……弹性……而且还是全肉的噢……全肉的……"

为此，嘉欣妞转了一条微博圈我："窃以为早先医生经济条件并不好，常忍饥挨饿，故热衷于用食物形容疾病：米粒大小皮疹，黄豆大小结节，鸡蛋大小包块，菜花样肿物，橘皮样改变，鱼肉样改变，干酪样坏死，玫瑰糠疹，牛奶咖啡斑，草莓样宫颈，豆渣样白带，酱油尿，洗肉水尿，连大便都是果酱样、蛋花汤啊啊啊。"这简直是不拿友谊当回事儿！我说："请万事以吃货间的友谊为重好吗？"堃仔在底下评论："求放过非医学生！不要报复社会扩散负能量！"后来收到嘉欣妞的回复说："能一起同甘共苦的革命情谊比较深重。"

你以为只有这些精神攻击吗？当然不是，对于我这种贪生怕死的俗人来说，生化危机的身心煎熬突破五颗星。

微生物实验课总是槽点满屏。

一次性帽子一戴上满是妇产科大夫、清洁阿婶、食品加工厂工人即视感，这完全取决于个人气质。请自行淘宝"医用无纺布双筋条形帽"找同款并自行展开脑补。

整堂实验课被老师从头嫌弃到尾，我想说，我知道我肢体不协调又笨手笨脚所以老师你可以嫌弃我，但是你不要嫌弃得那么大声好吗……老师一直拿着话筒对着我们说："第二组的同学动作快一点儿，第二组的同学把琼脂吹下去啊，会不会吹啊，第二组的同学巴拉巴拉巴拉……"

实验室里所有仪器的摆放，都有自己的位置，抽屉里还放置了一张规范化的照片可以对照着整理摆放。如果你没有把接种环和接种针的头齐刷刷倒向同一个方向，如果你没有把酒精灯摆在试管架和污物盘之间，就会听到"第×组的同学"，巴拉巴拉巴拉……

没有污染过的仪器都要流水冲洗十遍，更不用说那些被微生物污染过的了。手禁止触碰脸，标准洗手法让搜索引擎告诉你，实验结束后白大褂要翻过来带回去洗干净。

这简直就是洁癖狂和强迫症的集中营。不是处女座的话请不要随便选择微生物老师这个神圣又庄严的职业好吗。

而每回微生物实验课结束后，我都会陷入"我的白大褂、我的帆布鞋、我的肺泡上吸附了多少只金黄色葡萄球菌，多少只幽门螺旋杆菌，胃溃疡离我还有多远"这类对生命的思考当中，非常凝重。毕竟我是带着浑身的致病菌随时能掀起一场腥风血雨的人。

不止微生物，学了病理学、生理学、病理生理学以后，以前一吃撑想的是"啊肥死你"，而现在完全沉浸在"我要得急性胰腺炎了怎么办"的隐隐恐慌里；以前一熬夜想的是痘痘，而现在要把心肝脾肺肾九大系统全担忧一遍，再继续持红笔标重点。老师管这叫"二三年级病"，学了两三年医学，懂一点儿又不懂很多，以至于学了什么病都忧心忡忡地觉得自己可能快不行了的医学生常见病。

其实觉得，医护工作者这个群体，撇干净世俗和争议不说，单就职业本身，有点儿恶搞的理性，有点儿冷冽的锋芒，有点儿酷。

爱会是最初的模样

爱会是最初的模样

陌　忆

当秦暖暖用老虎钳把温语涵的自行车前轮辐条全都剪断，抬眼时刚好看见前来取车的顾之远。

他看到倒在地上漂亮昂贵的自行车，眉头一皱，又看见有些得意扬扬的秦暖暖，最终没说什么，推着车就要往校门口走。

"喂，顾之远，你难道不想说些什么吗？"秦暖暖叫道，"这车可是温语涵的。"

顾之远转头，只见秦暖暖已经俯身准备把倒在地上的自行车扶起，他微微有些诧异，正想伸手拉住车头时，秦暖暖却以迅雷不及掩耳之势撒开手，于是刚要扶起的自行车又"砰"的一声倒在了地上，扬起了一层尘土。

顾之远一手牵着自己的自行车，一手还保持着要帮她扶起自行车的姿态。他微微有些愣神，继而自嘲般勾起唇角，怎么刚才就相信了秦暖暖会好心扶起温语涵的自行车呢？

"哎呀，不好意思，手滑了。"秦暖暖一脸无辜。好像她真是要帮忙却力不从心的样子。

顾之远干脆自己把自行车扶起放在一旁，这次他连看都不看秦暖暖一眼，擦肩而过。

秦暖暖却突然跑到他面前，瞪着一双大眼睛说："顾之远，你很讨厌我是吧？"

"让开。"顾之远的语气冷冷的，"秦暖暖，我没那么多时间陪你玩这些无聊幼稚的游戏。"然后他骑着自行车从她身旁绕过。

正午的阳光明晃晃地打在少年的背影上，他的身影消瘦修长，慢慢地在她的视线范围内形成一个黑点儿。那远去的车轮像是碾在她的心口处，不偏不倚，疼得她差点儿呼吸不畅。

我不敢说喜欢你

秦暖暖晚上吃完饭后跑到楼下倒垃圾，返回时看到巷口站着一个人。天色微暗，看不清那个人的面貌，不过秦暖暖眼尖还是认出了那个人，是许洛。

"呦，您老吃完饭出来遛弯呐？"秦暖暖慢悠悠地走向他，语气调侃。

许洛抬眼，默默盯了她半晌，然后问道："今天发生了什么开心的事吗？"

秦暖暖有些诧异地问道："呀！你怎么看出来的？"

许洛背靠在墙上，斜睨了她一眼，不语。

秦暖暖却自顾自地打开了话匣："对，我很开心。今天是温语涵的生日，你知道的，我父亲再婚时那个女人的女儿。她今天收到的生日礼物被我破坏了。不过后来被顾之远看到了，他应该很生气吧，连话都不跟我多说，真被他讨厌了……"她越说声越低，在静谧的巷道更像是一声声叹息。

许洛一直看着面前喋喋不休的女孩儿，突然斜身靠近她，慢慢说道："承认吧。傻丫头，你这样做除了要让温语涵难过，更多的是想引起顾之远的注意吧？你是喜欢他吧？"

秦暖暖不觉地睁大了眼睛，不仅是因为许洛突然靠近的身影，还有他一语戳破了她极力不想承认的事实。

是的，秦暖暖喜欢顾之远，喜欢很长很长时间了。

秦暖暖沉着脸瞪了许洛一眼。他却轻轻地笑了一声，然后又对她说道："很讨厌我是吧？因为我总是可以第一时间猜穿你的心思，可这个人却不是你想要的那个人。"

秦暖暖恍了恍神，眼前的少年眸子深邃幽暗，让人看不透，也猜不到他的心思想法。

秦暖暖初见许洛也是在这巷口，那时他和一帮小混混对峙。五对一，而且他是徒手对付五个拿着棍子当武器的男生。秦暖暖自知没有能力当个"路见不平，拔刀相助"的英雄，本来想默默地当个路人甲走开的，最后踌躇了半天还是叫了几个相识的邻居来帮忙。

许洛是因为总和别的学生打架闹事又不服从学校领导教育安排而被退学的，而秦暖暖也时不时地会和老师顶嘴作对。虽不至于被开除，但他们同样都不是听话的好孩子。坏孩子和坏孩子在一起，秦暖暖想，互相得到的温暖应该更珍惜吧。

秦暖暖一直都没有把许洛当成一个特别的存在，甚至只是把他当成一个萍水相逢的陌生人，所以她才敢把一些连好朋友都不能讲的事跟他说。这样，如果被背叛了也不至于太难过。

"不跟你说了。"秦暖暖转身，走了几步又转头冲他喊道，"自作聪明，自以为是，确实是最讨厌了！"

许洛看了眼秦暖暖有些落荒而逃的背影，不禁无奈低头轻笑。

当局者迷又何止是秦暖暖一个呢？

刺猬般的存在

秦暖暖以为第二天遇到温语涵就算对方不找她算弄坏她自行车的账，也会不断用眼神向她射"小李飞刀"的，没想到一大早竟会在教室门口看到她。

漂亮女孩儿一直都是引人注目的。秦暖暖算了下，几乎每个经过她旁边的男生都会侧目望她一眼，也有一些向她打招呼趁机搭讪的。而温语涵只是淡淡微笑而已，不多话也不冷眼相对。这种女孩儿，谁看了都会觉得舒服吧。

"啧啧，重点班的才女呀，往我们班那里一站，蓬荜生辉呀有没有？"和秦暖暖一起来的女生彩微叫道。

"长别人志气灭自己威风的傻帽。你站到她旁边去，保证你收到的注目礼比她多得多。"说完，秦暖暖丢下彩微就往教室走去。

彩微刚消化完秦暖暖的话，便在原地气恼地跺着脚步冲着她叫道："秦冷冷，你竟敢嘲笑我。"是的，彩微同学是个只有一米五三的个子却拥有一百二十斤体重的……胖妞。

远远看到秦暖暖走来，温语涵急忙走上去，把一直拿在手上的早餐递给秦暖暖，软软说道："暖暖，这是刚买的，还是热乎乎的，你吃吧。"

秦暖暖好笑地看了她一眼，不易察觉地挪开一小步。然后接过她手里的早餐："谢谢哈，还麻烦你从你们重点班的教学楼跑到这儿。"

温语涵看到秦暖暖接受了她的早餐，顿时喜形于色，连声音也格外甜美："不用客气。"

只是她的这种表情只维持几秒而已，因为秦暖暖拿着她的早餐，走到垃圾桶旁，"砰"沉闷一声，听来就像是晴天打了一个响雷。

"不知道为什么，今天看到这些牛奶面包就觉得特别恶心。"秦暖暖懊恼地皱眉，好像真的是温语涵的不对，"不好意思，让你白跑一趟了。"

温语涵呆了呆，半会才缓过神儿，她张了张嘴，刚想说句话，一个声音适时就响起了。

"道歉！"顾之远疾步走来，身上还背着蓝色挎包。显然放好自行车就往这边来的。来的时候刚好就看见秦暖暖把温语涵送的早餐扔进垃圾桶里。他黑白分明的眼睛直视着秦暖暖，这个女孩儿他认识了十年，从七岁他们一家搬到她们附近做邻居后她就不管是上学还是放学总跟在他身后"顾之远，顾之远"地叫。笑起来眉眼弯弯的，很是可爱。可是什么时候变得如此锋芒毕露，剑拔弩张呢？

好像是，自从她爸爸重组了另一个家庭以后吧。她就越来越放任自己了，就像一只刺猬，每当有人靠近，就竖起满身的尖刺来保护自己，伤害别人。

"秦暖暖，道歉！"顾之远的声音不轻不重，却隐约有一种压迫感。

"之远，算了吧。"温语涵怯怯地望了眼依旧笑得风轻云淡的秦暖暖，扯着顾之远的袖子小声说道。

秦暖暖撇头轻笑一声，眼底是毫不遮掩的嘲讽。这真是狗血的一出戏呢。偏偏他们都这么入戏，演得不亦乐乎。

"对不起。"她的话是对温语涵说的，可眼睛却一直望着顾之远，"你是活菩萨，我不该如此不识好歹。下次就算你送来一杯毒药，我也甘之如饴，做鬼也要感谢你。"她微笑，又看向温语涵，"那么，我就先回教室了，拜拜。"说完转身即走。

顾之远看了眼秦暖暖故作骄傲的背影，不禁轻叹一口气。真是，越来越对她没辙了呢。

秦暖暖一进教室就呈死尸瘫在课桌上，头埋在手臂里。忍着想暴打一顿正在喋喋不休的彩微同学。

"……你知道刚才你们就是在上演一场精彩的偶像剧呐。两女为一男争个你死我活、头破血流、昏天暗地、日月无光，这事很有看头很狗血很虐的有没有……"彩微自顾自地唠叨了半天见当事人理都不理她一下，于是摇了摇她的手臂，"喂，秦冷冷，你不会哭了吧？哎呀呀，奇迹呐……"

"胖微，你要是敢再发一个音节信不信我立马把你扔到楼下去。反正才三楼，死不了人的。"

彩微撇撇嘴，肉嘟嘟的脸看起来很是可爱。她看了看正处于怒气爆发点边缘的秦暖暖，伸手在自己嘴边做了一个拉链的动作，表示不再八卦。

秦暖暖很是满意地拍了拍她的脸，哄道："乖哈，到一边玩去，姐姐待会就买糖给你吃呐。"

彩微郁闷地耷拉着脑袋走开，又不死心地小声嘟囔一句：“明明就很难过吗，真是口是心非。”

秦暖暖枕着手臂看向窗外。已是初秋了，天空很蓝很高，几乎都看不到半片云朵。有树叶缓缓地从树顶掉落，随着风慢悠悠打着旋儿悄悄飘落在地下。

难过吗？应该有吧。不然为什么心口像是被放了一颗绽开的柠檬不停地冒酸呢。酸到连她的眼睛都要掉泪了，可她宁可三个人一起痛苦，也绝不要两个人欢笑。

下午，温语涵在教室里写作业，几个男生在她身旁打闹。可能最后玩得有些过头，一个男生突然伸手把她身后的桌子推倒在地，然后几个人就都走了。温语涵被那沉闷的声音惊到了，回头看正是顾之远的桌子。他人不在教室，于是她起身帮他收拾散落一地的东西。而后她陡然发现，地上除了一些文具书籍之外还有一瓶营养快线两个华荣面包。她记得顾之远早餐从不喜欢吃牛奶面包的，可是秦暖暖却很喜欢。她愣了愣，随后了然。原来今天早上他不是刻意过去帮她解围的，而是他也知道，秦暖暖早上有不吃早餐就出门的习惯，他怕她会胃痛所以特地为她带了一份早餐。

原来，顾之远也是很在乎秦暖暖的。温语涵抿嘴轻笑，心却空落落地难过起来。

暧昧让人受尽委屈

这几天秦暖暖都没见到顾之远和温语涵，虽然是在两栋不同的教学楼，不过学校也就那么大，要相遇应该也不难吧。只是，如果故意躲着呢？

不过秦暖暖过得倒很是舒坦。没事就睡睡觉，吃零食，看点儿索然无味的电视电影。有时彩微会带她去她家开的奶茶店喝奶茶，或者逃课让许洛骑着摩托车带她四处乱逛，她想许洛也许也是无聊到极点，所以她想做什么他都欣然应予。

不过夜路走多了难免会碰到鬼，课逃多了总会被班主任逮到。班主任显然已经是忍无可忍了，说了几句，对方还是一脸无所谓的样子，只好让她回去写份三千字的检讨。

秦暖暖苦着一张脸走出办公室，三千字呐，不写还要叫家长，看来老班这次是抓住她的软肋了。

"三千字呢？"一个熟悉的声音响起，秦暖暖条件反射地抬头，对方似笑非笑地望着她，"确定明天早上可以交上？"

秦暖暖看他手里拿着成绩登记表，想他是刚从办公室出来的，怪不得知道她被罚写检讨。

"你不是说我无聊幼稚吗？那还是别和我说话了，会拉低你智商的。"秦暖暖语气有些不快。

顾之远知道她是在意他之前说过的话，于是打着商量："要不我帮你写吧？"

秦暖暖狐疑地看了他一眼，很有骨气地拒绝："不用！"

"嗯。"顾之远点头，"那好吧。注意别写错别字，不然再写一遍可就惨了。"说完就要往教室走去。

秦暖暖黑脸，当真说走就走呀？在原地烦躁地挠了挠头发，有些不耐烦地喊道："喂……"

前面的少年脚步依旧未停。

"喂，顾之远，你给老娘站住。"秦暖暖算是豁出去了，大声嚷起来，"你就仗着我喜欢你这点想随心所欲是吧？"

顾之远不禁无奈扶额叹息，转身对秦暖暖说道："这离办公室不远，你要是嫌三千字的检讨太少的话可以嚷更大声。"

仅一句，秦暖暖果然就安静了，然后问道："真有那么好心？"

"当然。"顾之远笑笑，"不过，不劳而获总该不现实，我帮你写三千字检讨，你得答应我一件事。"

顾之远帮秦暖暖写的检讨是在傍晚五点拿给她的，那时值日生正好在关门。她站在走廊里，靠在栏杆上看着顾之远朝着她们的教学楼走来。突然不知道为什么就大声地叫起来："喂，顾之远。"

少年闻言抬头，单手插在裤兜里扬着帅气的笑容向她招手。秦暖暖微怔，随后嘴角情不自禁勾起一个完美的弧度，眉眼弯弯犹如月牙。

好像，他也不是那么讨厌她吧。

秋天的傍晚来得有些早，日已慢慢西斜，球场上还有篮球的落地声和加油打气声，天边的落霞还未散去。

秦暖暖走在前面，顾之远推着自行车。女孩儿偶尔转身催促道："顾之远，快点儿呐，我要饿死了。"

顾之远想起，好像很久很久以前，他们一起去学校，她也会跟在他身后，说："顾之远，你等等我。"

其实那个笑起来眉眼弯弯的女孩儿一直未走远，他想她迟早会回来的。

"顾之远，你还没说要我做什么呢？"秦暖暖问道。

顾之远笑笑，伸手在她额头弹了一下，慢悠悠说道："时机未到。"

秦暖暖撇嘴瞪眼，多大点儿事，还搞得那么神秘。

那天晚上秦暖暖一直呈死尸状躺在床上听歌。脑海一会儿想起顾之远的冷漠，一会儿又想起他站在教学楼下仰头对她微笑的样子。如果他讨厌她，那么为什么还会那样对她微笑呢？耳机里的女声唱着："他不爱我却总是这样看着我，不爱我是我不敢承认，暧昧是他唯一会给的……"歌词反反复复，她有些烦躁地拿掉耳机，蒙着被子打算睡觉。

房门打开，秦母对秦暖暖说道："暖暖，你爸爸昨天心脏病突发住院了，不过已经度过危险期，你去看看他吧。"

对不起，谢谢你

秦暖暖已经在医院门口踌躇了好一会儿，可始终还是没迈进医院的门槛。

她不打算来的，可不知道为什么，她竟然那么害怕失去他，失去她唯一的父亲。

母亲说："我和你爸爸是和平分手，你别怨你爸再重组一个家庭。我给不了他要的幸福，所以他有权利选择自己想要的生活。"

秦暖暖深深叹了口气。她介意的。无论怎样，她始终介意父亲背叛了她们，让一个本该幸福的三口之家变得残缺。

正当秦暖暖转身想离开医院时，刚从医院里探病出来的温语涵却喊住她："暖暖。"

秦暖暖和温语涵各捧着一杯奶茶坐在公园的长椅上。

"……本来还好好的，突然捂着胸口就倒在了地上，我妈吓得直掉泪……"

月如水，初秋夜晚的空气清凉而又沁人心脾。远处的城市流光溢彩。

温语涵的声音轻轻的，在静谧的夜空下像是小精灵的窃窃私语。不知道是不是环境的原因，这一次秦暖暖竟然很认真地听她说话。

"我知道你讨厌我，甚至怨恨我，因为你觉得是我和我妈夺走了本应属于你们的幸福。可是，暖暖，我没有欠你什么，我也不是那么喜欢你爸爸，只是因为我妈妈喜欢，所以我也学着去喜欢。这世上也许本就不存在一个人对另一个人的责任始终如一，很多事都不能奢求永恒。我想对你好，仅仅只是希望你爸能够开心，你爸的满足便是我妈最大的幸福，而我妈的幸福是我唯一想拥有的美好。"

秦暖暖突然有点儿小小的难过，她失去的，不仅是那个单纯简单的自己，还有一份对待亲情最初的洒脱和宽容。

"对不起，还有，谢谢你。"秦暖暖快速地说完，放下奶茶杯仓促离开。做了那么久的坏人，突然说出这么别扭的一句话，秦暖暖觉得……嗯，不好意思呐。

温语涵愣了愣，然后唇角有了淡淡、明亮的笑意。

"对不起""谢谢你"，是这世上最美好的两个词。

情况似乎就这样慢慢地好起来。时间总是这样，太阳每天都东升西落，没半点儿新意。只是彩微发现，秦暖暖好像慢慢地变了，至于变了哪里她也说不清楚，只是原本她身上那种咄咄逼人的气势慢慢地褪下，露出柔软的部分。

连许洛也说："傻丫头，要变成一个乖女孩儿了吗？"

秦暖暖挑眉，意思很明显：我本来就是好女孩儿！

许洛微勾唇角，而后像是想起什么，"第一次见面，我被群殴，为什么你会找人来帮我？"

秦暖暖想了想，甚是认真地回道："我这人最大的优点就是没缺点，今天这么一想，原来我最大的缺点就是心地太善良了。"

"你这脸皮可以去做防弹衣了，保证钢枪不入。"许洛说道。

"谢谢夸奖。"

"没有诚意。"

"那我谢你，我谢你全家。"

"那倒不用，你太客气了。"

秦暖暖本来绷着一张脸的，最终忍不住"噗"的一声笑开了。

她的微笑明媚而又清亮，像是初晨破晓的阳光，绚烂而温暖。许洛沉默地看了她的笑颜片刻，缓声道："虽然傻乎乎的，但是你这样笑起来总比伪装冷漠假笑好看多了。"

秦暖暖偏头，嘴角的笑意还未褪去，她慢悠悠地说道："许洛，总觉得你很了解我似的，嘿嘿，是不是喜欢我呀？"她脸上的表情满是揶揄。

许洛闻言眼底快速闪过一丝不易察觉的波动，像是平静的湖面被投下一颗小石子，泛着微微的涟漪。他笑笑，掩住情绪，伸手很大力地揉了揉她的发顶："怎么可能？"

是呀，怎么可能？怎么可能喜欢上傻丫头呢？

爱会是最初的模样

秦暖暖是在两天后才知道许洛已经离开这个城市了。

当许洛的一个哥们儿把一封信拿给她说是许洛的离别赠言时，她还以为他们是在整她。

秦暖暖有些迫不及待地打开信纸，字不多，浅蓝色的纸面，隐约透着一股忧郁。蓝色的忧郁。

傻丫头：

　　我曾看过一本书，里面有这么一句话：坏女孩儿和好男孩儿在一起，变成了好女孩儿。而坏男孩儿和好女孩儿在一起，变成了好男孩儿。他们，最终都成了好孩子。

　　暖暖，你从来都是个好女孩儿，所幸你身边还有一个好男孩儿，所以你一直都会是个特别好的女孩儿。

有时我会想，要是从小和你一起长大的人是我，我是个好男孩儿，那么我们现在会不会在一起？好女孩儿，是不会喜欢坏男孩儿的吧，因为坏男孩儿给不了她想要的那份温暖，所以只好选择放手离开。

暖暖，我希望你快乐，在这流水一样的岁月里，安然做个好女孩儿，乖乖长大。

如若某时在某个地点看到我，请你安静地走过，我只要看看你微笑的侧脸就行，那样我就知道你过得好不好。

祝，安好！

许洛

秦暖暖看完后是想笑的，她想许洛怎么会写出如此肉麻兮兮的文字，一点儿也不像他。可是不知道为什么，看到落款"许洛"两个字时还是哭得一塌糊涂。

有些人，陪你走过最孤独无助的一段路，可最终却不能在一起。

秦暖暖想上帝是宠爱她的，她的幸福一直都在。原来爱一直会是最初的模样。

上学路上，秦暖暖一个人慢吞吞地走着，突然背后有车铃声响起，她侧身抬头，看见顾之远单脚撑地，嘴角抿起，左颊有个深深的酒窝，像是盛满了阳光。他说："秦暖暖，你没忘记还欠答应我的一件事吧？"

秦暖暖装傻，特无辜地问道："有吗？"

顾之远了然一笑："忘记了也没关系，你只管答应就行。"他看着她的眼睛，嘴角的笑容一直蔓延到眼底。

"秦暖暖，我喜欢你，我们在一起好不好？"

此非丹麦，你非童话

蓝格子

1.我叫年未来，我喜欢一个叫许明天的男生

我在第一眼见到那个叫许明天的男生时就知道我的高中彻底完了，因为它注定要在漫长的爱恋中度过。当然对于我的这种想法阿格并没有感到疑惑，对于她那样没头脑的妞儿来说，未来与明天总是要联系在一起的。这是个不需要加以证明的事实。

是的，我叫年未来。在没有遇见许明天之前，我曾无比痛恨这个毫无意义的名字。而如今我开始明白什么叫作命中注定，虽然现在只是我单方面认为。

许明天，他有着世界上最干净的侧脸，眉眼中蘸着一片汪洋，星光闪耀。帅得很一般，却又会温和地对你说着

"谢谢"，嘴边不时翘起弧度，像镀了金的王子。

按照固定的言情路线来说，作为男主的许明天应该在接收到无数目光后蓦然回头，然后慢慢吐字，当然现实他也是这样做了。

"你就是年未来啊，哈哈，和我一样难听的名字。啊哈哈哈哈哈。"

说着许明天又拿出一张纸，俊秀的字体写着"许明天"三个大字，轻轻递过来然后继续大笑。

这便是我和许明天的第一次相遇。没有那么美好更不值得多加纪念。

但，至少很真实。

2.明天我们去丹麦好不好

按照许明天的话来说，他想象中的年未来应该是个温婉恬静的女子，每日哀花伤情，又或者是个对自己名字感到自卑日日低头不愿以真面目示人的姑娘。

当然许明天吐出这句话时完全是因为我颠覆了他的想象，而面前的他正一副无法承受的模样。

自从开学点名开始，年轻的老师看见我们的名字便乐到不行，话语里带着笑意，死活要把我们两个人安排在一起，大有要送入洞房的意味。而后，许明天的悲催生活、年未来的花痴生活便开始了。

许明天向我描述他的家庭时不断提到"淑女"这个词语，在听完之后我不得不感慨礼仪之家的失败。他的礼仪之家有了许明天的存在，简直就是一大败笔啊。正当我思索这个问题时，许明天也投来了鄙夷的目光。

"你说你，未来，你怎么就不能像个女生呢？"

我出奇地没有理睬，指尖抚着书上的那个词语——丹麦，那是童话的故乡吧。金黄色的南瓜马车搭载着美丽的公主去参加王子的宴会，灰姑娘穿上合适的水晶鞋满载幸福而归。

没听到我的答复，许明天倒也安静了下来。

"明天，我们去丹麦吧。"

"明天是要上课的好不好？"许明天一脸认真地答复道。

我想许明天怎么也不能理解那日我突然拿书砸向他的原因。你也太毁氛围了好不？我年未来好不容易感性那么一次。

而且他怎么不懂此明天非彼明天。

"阿嚏——"

"你看，你打我遭报应了吧。"说这话的同时，许明天快速将窗子关上。可是我清晰地记得他刚刚还和后桌抱怨着教室不透气。

你说这样的你我怎么会不喜欢？

3.原来许明天也有自己的梦想

在我喜欢许明天的时候却忽略了一个事实，作为一个身心发育正常的高中生来说怎么可能没有自己喜欢的女生呢。

当然，即使许明天是个可以和我卖萌甚至撒娇的同桌，他也不愿将还可以称之为机密的事情告诉我。于是那几日我每天盯着同他来往的女生，有那么丁点儿交往过分的，便自觉开启防御模式。

于是，一个名字灌入耳中——栗君。

那是我后桌也就是许明天兄弟突然说出的名字，难得的是，号称淡定之王的许明天居然脸红了。

我知道这不是个好信号。

当然说到这里，你肯定会想栗君一定是个用笔墨也无法描述的优秀女孩儿，最后我悻悻而归，而王子和公主最终在一起。

那我只能告诉你说，生活不是童话。

在我看见传说中的栗君时是有些诧异的，甚至多了一份自豪。这就是许明天喜欢的女生啊？恐怕连我都不如吧。

短发女生，千篇一律的校服装套在她身上也没有多出彩，五官小巧却又不能称之为漂亮。像个大马路上随便拽来的女孩儿一样普通，可之于我却又不那么普通。

她带着一个标签，叫作"许明天喜欢的女孩儿"。而这个恐怕是我永远比不上的。

现在身边的许明天突然安静下来，挥挥手算是打了个招呼又连忙拉着我离开。我突然注意到栗君的眼中有一丝的落寞。

虽然我不愿承认但还是要说，我想栗君也是喜欢许明天的。这个结论的得出完全依赖于我那仅剩的女生直觉。

4.你和他在一起好不好

自从与栗君碰面后，许明天倒是更将我当成了自己人，一口一个"栗君"，也不怕我烦。由此，我也知道了他们之间的故事。也许不能称之为故事，"青梅竹马，两小无猜"八个字便可以概括。

当然许明天说出这句话时是没有多大底气的，声音甚至刻意压低了一些。我想这个神经大条的少年一定不知道栗君也喜欢着他。

那么优秀像光一样的许明天在栗君的面前却卑微得像根草。

"你为什么不尝试着和她表白呢？"

说完这话许明天一脸惊异地看着我缓缓来了句："要是被拒绝那连朋友都做不成了吧。"

"哦。"

我不喜欢这样的许明天，有些懦弱又不自信，所以我决定出手了。

我来到栗君面前的时候，她没有多意外，浅浅笑了笑来了句："你要我放弃吗？"

没头脑的一句话我却立刻理解了意思。看来，有女生直觉的不止我一个。

"你和许明天在一起吧，他喜欢你。"

"那你呢？"

"我是他表妹啊！"

说着栗君露出了笑容，像春日的暖阳。我不得不承认许明天的眼光在一定程度上还是不错的。

次日，许明天一副春光得意的模样，桌子上摆着各式各样的零食说要来犒劳我这个大功臣。

我一一接受。

故事说到这里。也许你认为我太伟大了不敢相信。的确，可我想如果你遇到这样的情况你也会这样做的，因为喜欢没有理由。

当然，我希望你以栗君的身份遇见一个许明天。至于年未来的幸福，也许一个叫作现实的人可以给她呢。

此 去 经 年

蓝格子

我从来没有想过会有一天和许然再次相见。

我站在餐厅里盯着远处少年的侧脸，眉尖蹙起却带着微笑。好像一片蓝色汪洋，着实是干净。

大抵是感应一般，他收获了我无数目光后终于回头然后慢慢向我走来，带着笑。这是在我梦中演练过无数的情景，如今实现了却已有了不一样的心境。

人是终于物非。

"又又，你也在这儿呢，真巧。"呵呵，这是我的学校，能遇见也不足为奇吧。倒是许然的声音让我大为吃惊，平添了一番厚重。

"嗯。"我低下头应声不敢看他一眼。那句话果然不错，无论过去多久我在许然面前都只是一个喜欢他的卑微的女子。

空气像是突然凝固了一样。

抬头却看见他含笑的目光："你真是漂亮多了呢。"不知是不是奉承的一句话。在听到这句时我突然失去了交流的欲望，我喜欢的男生不应该是这样的，语气中带着讨好的意味。

"是吗？那得感谢许大公子当初放我一马哈。"总有这样一种人的，宁愿让自己不好过也不会放过别人。正巧我就是这种人。

突然提起的往事让他愣了愣，眉角转换为淡漠，眸子里有了几丝游离的悲伤。

像逃似的我离开了这里，耳边只有他的最后一句话：

"年又又，对不起。"

我等待了四年的廉价的一句话。

回到宿舍的时候我连忙跑到全身镜旁边端详着自己。清水眸子透着灵气，头发披散在肩后，不施粉黛却依旧肤白似雪，配着纯白色的棉布长裙与海蓝色的帆布鞋。果然是清新美女一枚嘛。

我满意地点点头随即看见了七七看疯子一样惊异的目光。

"你怎么了？"作为社会好青年关心室友是必要的。

"我还以为你怎么了呢。"她的声音低下去带着笑音。

"七七，我漂亮吗？"我想一定是许然的目光让我产生了自卑。

"当然，你可是我们以清新著名的级花。"

七七还在不停念叨着，尽是夸奖我的美丽词汇。那些光鲜亮丽的、我曾经无比渴望的形容词。

我突然想起当初组团看《初恋这件小事》的心情。那个蜕变的小水不知怎么就勾起了我的回忆，没一会儿眼泪就下来了。身边的人倒是忙活开了，一边递纸一边安慰。我哭得上气不接下气地告诉她们曾经我是比小水还要平凡的女孩子，她们只是笑不言语。末了，倒是有人问了一句："那你的阿亮学长呢？"

嗯，我终究没有等到我的阿亮学长，我还没有来得及把最好的一面展示给他看。

可如今他来了我却只能躲了。

给阿格打电话时已是深夜，盛夏的夜晚站在阳台上竟有几丝凉意。

"阿格，许然来了。"我控制好自己的情绪说出了这句话。

"嗯，我知道。可是你知道他要干什么吗？"像是早已知晓的结局她并没有多惊讶，而后的一句话却低了声音像要引发出一个巨大的秘密。

"嗯，怎么？"

"又又，许然说他后悔了，想要回来了。"

"嗯，就这样？"对于这个结局我并不吃惊。毕竟级花年又又是每个人都想要追的，而许然也没落俗套。

"还有……"阿格突然的沉默让我知道一定有事情发生，"我和吴吾分手了。"

并没有太大的波澜。曾经的班对早已支离破碎，也只有他们坚持到今天。如今恐怕都是累了吧。

"早点儿睡吧。"我想阿格既然可以向我说出这个消息那就代表她已经恢复得很好了。

曾经我以为四个人在一个城市是多么美好的事情，如今才知道这不过是时间为我们埋下的炸弹。

阿格走过来时看见身边的吴吾无疑是有些尴尬的，她顿了一会儿然后又春风满面的迈步，像是老友般打了个招呼："你好。""嗯好久不见。"

当初"血水相融"的人怎么就成了这般陌生模样。

过了一会儿许然也来了，毫不羞涩地坐到了我身边。我一个激灵连忙跑到了吴吾那里要求和他换位子，他正愁处境尴尬，来了我这么一个背黑锅的，自然乐呵呵地去了许然附近。

这顿饭的气氛不是常人可以理解的。

除了许然，我们三人都低头大吃想着早点儿结束早点儿回家。

"年又又，我喜欢你。"许然突如其来的一句话让我差点儿噎死。盯着他看了半天确定不是玩笑之后我认真地说道："我们不可能。"简简单单的五个字我想足以表达我的决心。说着便连忙拉着阿格离开，她更是求之不得去逃离那个场面。

其实一开始我就明白了。吴吾含笑看着我摆明是在看一场好戏，想必是许然请他来说好话的吧。可他应该怎么也没想到我居然找来了阿格，一物降一物这个道理果然不错。

街上尽是清一色的牛仔裤，女孩子笑靥如花透着刚好的苹果绿。

"你看，她们多好。"

"是啊，年轻真好。"

过了一小会儿，阿格还是忍不住问我关于对待许然的态度。

我打着马虎眼牵着她到处转悠，嘴里不停念叨着不可能。

也不是不可能，只是曾经的超人早已在她的十七岁丢失了所有勇气。

想必和一个人待久了就会相似，我以这个理由来劝慰自己。看着宿舍楼下的许然，我想一定是我当初厚脸皮追他的精神被他继承了，否则那个上课回答问题都会脸红的

爱会是最初的模样

少年怎么会突然转变成了这个不停呼唤我名字还不顾他人眼光的无赖呢。

无赖。嗯，对！就是这个词语。

过了半个小时，七七急匆匆地跑来要求我下楼去，不停向我灌输着烈日下容易中暑的理论。而我自岿然不动继续和我的路飞同哭同笑。

呵呵。这种太阳也会毒死人吗？那当初我呢，你有过一点点心疼吗？

时间仿佛跳转回从前。那时我还是一个短发的高二姩，而在我身边的姣好女子便是阿格，当然她的手是牵在另一个人手里的也就是我从小到大的蓝颜，吴吾。而另一个男子是许然，我追了一年的人。

记忆定格在这样的画面上。不难发现我的目光总是越过那两个无敌电灯泡直射向许然，而许然眼中的躲避也表露无遗。

也是这样一个下午，我站在公园里等待着应约而来的许然，身边的两个早已等不及抱怨了一会儿便牵着手去过二人世界了。看着他们离去的背影我想上天真是爱我，四人的聚会只剩下我们俩自然是无比美好。

许然说过有时间会来的。我不停用这个理由安慰着自己，心中希望的火焰却一点点熄灭。天空雷声大作，我不禁闻到了狗血的味道。难道上天要给我和许然一场难忘的大雨，想到这里我竟开始脸红，双手娇羞地摆在裙摆附近。

　　可事实证明想象和现实有太大的差距，雨越下越大而本应作为男主角的许然却一直没有出现。墨蓝色的牛仔裙早已湿透紧紧贴在身上，雨水顺着头发淋下来。绝望与悲哀一下子充斥我的内心，但我依旧以这种姿态等了两个小时。我想他会来的，可最终却被撑伞而来的吴吾接回去。

　　而末了，许然给我的解释也不过简单的一句："我没有时间。"而为了道歉我坑了他一个星期的早点，过足了皇上的瘾，那些在雨中碎掉的心也随之粘和起来。就是这样的男生，用慢性毒药一点点入骨然后将你毁灭。

　　许然还是没有像我当初那般有决心。一个小时后他自觉离开。而我却像失了魂似的不停在窗口张望。

　　这就是我喜欢过的男子，这就是声称喜欢我的男子。

　　七七看着早已定格的《海贼王》画面不禁叹了口气，踌躇了好久还是问出了这个问题："他和其他那些追你的人不一样吧。"

　　"嗯。"我按下暂停键，"他是我曾经喜欢的人，可是他当时不喜欢我，如今倒是风水轮流转了。"说出来后才发现我和许然之间真的没有故事，那些我以为的轰轰烈烈以一句简明的话便可以概述。

　　"那么又又，你还喜欢他，对吧？"

　　我起身出门时听见这么一句。

"嗯。"

怎么可能不喜欢，只是怎么可以再喜欢。

当初，已经离开好久了吧，我都不太记得那时的模样了。只知道那时有个不漂亮的女生却执拗地喜欢上了一个不可能的人。

学校旁边是一所初中，总是有很多的白衣少年载着心爱的女生，坐在后车上的人或笑或怒，唯一相同的是那一张张姣好的面容。而那些低头走路穿着白色校服的大多是无人喜欢的，理由也不难理解，那张脸。

我曾经属于后者。

而在我最美年华里的少年也以这个为由伤害了一颗脆弱的少女的琉璃心。

第一次的理由是没感觉，第二次的理由是不淑女，而第三次……

人们都说有些答案不要问得太多，若没有直接说出那必是一个伤人的结果。而当初我是不信邪的。

年少时我们怎么会相信会有得不到的宿命。

在我第三次将许然堵在路口时，他笑着问我究竟喜欢他什么，看着他的笑那时我竟以为希望就在前方。待我噼里啪啦列举了一堆理由之后他还是笑，然后说了一句让我铭记至今的话：

"你觉得你配得上我吗？"

是的。那时我留着毫无新意的学生头，戴着大大的黑框眼镜，脸上尽是闪着油光的青春痘，天真地以为有心就可以战胜一切，以为许然和其他肤浅的人不同。

我配不上他。这是实话。可这句话从他的口里说出来我却怎么也不敢相信。

我心中干净如斯的少年却有着世界上最恶毒的心灵。

我想若是现在我定会给他一巴掌然后离开，可从前的我却低着头不断重复着"对不起"，觉得自己让他丢脸了。

真像是一个笑话。当初的年又又会料想到今日的变化吗？

在我收到七七短信十五分钟后就看见朝我跑来的许然。

七七说："给你自己一个机会。"旁人都可以直接看出我的心思不知许然是否明了。

"又又。"他喘着气临着我坐下然后又稍微挪开，应该是我的态度让他有些难堪吧。

"你还记得当初的那场篮球赛吗？"

那年夏天，以枯燥出名的学校要举办篮球赛的消息传遍了校园。各班活跃人士像打了鸡血一样兴奋，其中就包括吴吾。当然许然是不接触篮球的。

那时阿格还不是我口中的"嫂子"，她只是被逼无奈同我一起去看了这场比赛。知蓝颜者莫过于我，在看到吴吾目不转睛地看向我这边时，我就知道自己做出的选择是对的。当然，吴吾也是个够义气的人，竟然不知用了什么手段找来了许然。

十厘米，目测许然就离我十厘米。我不免欣喜着一点点移向他，然后他同样不动声色地移动。终于，在几分钟之后被逼入树干附近的他不得不对我说了句："年又又，你够了吗？"明明是感叹句我却一时脑抽听成了问句，老实的回答了一句："不，不够。"说完便转头完全不顾许然的无可奈何。正当我们在明争暗斗之时却听见他人大叫，看过去时却发现吴吾已倒在地上，看来应该是摔倒了。身边的女子满脸都是泪水，一遍遍询问他是否有事。

是的，那是阿格，我想吴吾就算这时候死去也应该无憾了。

然后，我看见吴吾抬起手摸着阿格的脸，应该是狗血剧情看多了。这简直就是临死托付终身的剧情再现吧。我想吴吾应该虚弱地说句"忘了我"，然后撒手离去，而阿格应该紧紧握住他大声哭着说"不要离开"，这时要是有点儿雨倒是更应景。

当然吴吾生来就是来打破人们想象的，他忘记了他手上沾染的血迹导致阿格的哭脸一下变成了恐怖片，待到老师来时竟被这场面吓倒，半天没有言语。而作为观看者的我一直拍着许然的大腿不顾他黑下去的脸，而后阿格和吴吾变成了众人口中津津乐道的"血水相融小情侣"。

说到这里我将目光抽离回来轻轻转过头："许然，你还记得你当时说了什么吗？"

"'年又又，你不动的时候还是挺可爱的。'是这句对吧？"

"嗯。我还因为这句话兴奋了好久。可是后来你记得你还说什么了吗？"

提到后来，许然没有应答。但是我并没有半点儿怜悯或者是不好意思，自顾自地缓缓说道："后来你说我配不上你。"像是倒抽了一口冷气。

"不是的。当时我只是有点儿烦。"许然明显有些急了极力辩解着。

"嗯？"我示意他继续。

"我只是习惯了你对我好所以才会如此不在意。待你走了之后看见那些熟悉的笔迹还有你省吃俭用买下的小玩意儿我真的一直在想你。而那句话真的是无心。"许然继续为自己开脱着。无心，好一个无心之失。

"你还记得我们填志愿的时候吗？"我并没有打算接着他的话题说下去，也没有给那番答辩一个清晰的态度。

"那时……阿格和吴吾正在冷战，于是抱着我哭了一晚上，她赌气着说要分手。你知道我当时跟她说什么了吗？"我顿了一会儿，"我告诉她：既然两个人已经在一起那就要好好珍惜，因为有些人永远不可能在一起。阿格倒也真是个傻姑娘呢，哭了一整宿第二天还是将志愿改成了吴吾那个城市，那时我以为他们能永远的。"

"可是他们也没有在一起。永远只是个笑话罢了。"

"那你呢，你那时是怎么想的？"许然迫切地询问。

"我？我明明爱的是那个冰天雪地，却因为一个人来到了南部小城。"说完我紧紧盯着许然，他并不回避，眸子里尽是抱歉。

"对不起。"

死一般的寂静。我听见从我们身边走过的男孩子对他身边的女孩说道："我们以后也会像他们一样。"像我们一样？像陌生人一样吗？

黄昏已近。我起身对许然说了句"再见"，然后又添了一句："以后别来找我了。"

"为什么？"

"因为你配不上我。"

我本就是记仇的人，如今终于将这句话还了回去。

我想许然一定是忘记了否则怎么没有追上来呢。当初的超人说了多少次要忘记他都没有做到，那么今天他怎么没有意识到这也不过是个劣质的谎言呢。

记得毕业那天我们相约在KTV。经过最后一次的表白我与许然已好久没有说话了，两人碰面后便只是笑笑然后选择了一个距离较远的位置。而吴吾和阿格走来的时候宛如一对璧人，看见我们倒是有些无奈。坚持了这么久也没有修成正果的确有些可笑吧。

包房里的灯一如既往的昏暗，吴吾牵着阿格的手用心地唱着"明天你要嫁给我"，真是老套。我一边笑着一边灌酒，脑海里却闪过了他们结婚的场面。阿格应该是这个世界上最美好的新娘吧。

秀恩爱完毕之后他们终于意识到角落里还有一个我，而这时我已经神志不清了。脸上不知是酒还是泪，转身过去却迎来许然的一脸茫然还有一点儿嫌弃，嫌弃。

酒壮怂人胆这话果然不错。我像发了疯似的跑到许然身边，抱着他的胳膊哭得昏天黑地，鼻涕眼泪不分全被他的衬衫接收。"你为什么不喜欢我？你凭什么不喜欢我？"这个在我心中蛰踞多久的问题终于摆到台面上。而许然终于没再运用他的毒舌，他只是对我笑，笑得我的心都要碎了。

我伏在许然身上的时候他没有推开我，我想这可能是他给我的最后一点儿温存了。

我只听见许然轻叹了一句："傻子。"然后听见阿格的声音："熬过年少轻狂我们就结婚，好不好？"那天的吴吾眼睛里充满了星光，郑重地回那了句"好"，仿佛在许诺一个永恒的承诺。

然后我们毕业了，就这么毕业了。

那晚吴吾送我回家，坐在出租车里我满身酒气含糊不清地对他说："其实我没醉，我很清醒。"吴吾看向我又看向窗外："我知道，我们都知道。"

积存的泪水终于哭出了声。

我来到阿格宿舍的时候已经哭成了个泪人。不用我解释单看表情她也知道我发生了什么，于是连忙扶着我坐下。

"又又，结束了吗？"

"嗯。"

看得出我不想多话，她只是一个人说着，那些逝去的青春。

"当初我真羡慕你的勇敢呢，像个小金刚，能一次一次地对着许然说喜欢，敢把自己的爱昭告天下。而我若不是因为那场球赛恐怕也不会和他在一起吧。"阿格隐去的那个名字想必也给她带来了痛苦吧。

"如今想来，当初要是没有那场球赛也许彼此都会快乐一点儿。"

我问过吴吾分手的原因，他只是强调着说太累了，然后像个长者一般告诉我："爱情不是生活。"那些我们不屑的鸡毛蒜皮终究毁了他们的爱情。

"又又，我们的青春呢？那些张扬的过去呢？"阿格继续说道。

是啊，我的青春呢？都被狗吃了吗？我怎么变成了这般模样？而我们又怎么沦落成了这般境界？

从前的四人组再也不复存在。

曾经的我以为阿梧和吴吾一定会天长地久，我甚至做好了当干妈的准备。

曾经的我以为如果没有和许然在一起，我一定会选择在一个山村孤独终老。

曾经。也不过是个曾经。

"你还记得我们以前喜欢的一句话吗？"

"嗯。"

经不住似水流年，逃不过此间少年。

此去经年。

我们一起追过的头发

艾汀医生

柯景腾说："老板，来个超帅的光头！"老板回答说："傻小子，光头哪有帅的。"

其实光头真的不帅。

每次走进理发店的时候嘴唇都是紧抿的，心情都是抑郁的，脚步都是沉重的，好像每走一步，就要花光一生的力气。

正值青春年少的小伙儿，谁人不爱美，哪个不喜欢留一头清新蓬勃的头发。最好是长长的斜刘海儿，层次分明，柔软地趴在额头上。但现实总是很残酷，它指着我的鼻子，严厉地告诉我不可以这样。因为我还是一个穿着校服的在校学生。所以这也只能成为我遥想的奢望。

店内"咔嚓，咔嚓"不间停的剪刀声，听得我有点儿心慌。我感觉自己好像是走进了一个刑场，我脑颅上的头发，即将不保。

笑容满面的店员为我洗了头，头发湿搭着，坐在明亮的镜子前，镜子里反射出我一脸的苦相。

理发师站在我的身边，笑靥如花地推销着各种各样的服务和产品。我皱眉，怀疑我是不是走错了地方，但是看着墙上挂着"×××理发店"，心里的顾虑也消散了。

理发师为人很热情，极力与我攀谈，虽然都是诸如以下的话：

"你的发质很好，烫一下会很好看。"

"要不要再染个颜色，潮流点儿会有很多女生追哦。"

"需不需要我另外帮你设计个发型，只不过需要稍微加一点儿设计费。"

我开始意识到了我的意志很坚定，因为无论理发师怎么说，我都缄口不答。我估计他此刻心里也对我打着一个大大的问号，这个人究竟是不是哑巴啊，怎么说了半天连屁都不放一个？

热情洋溢如他，冷若冰霜如我。看着他略微发愁的脸，我突然想到老师曾经说过，在别人和我说话的时候，要和他热情交流，不要一盆凉水浇灭了他的小火苗。

"你要不要试试看呢？"他不死心地又说了一句。

我叹了一口气，微微笑，对他说："我有十五块钱，可以剪头、烫发、染发吗？"

他翻了一个白眼，然后不再理我了。原来是一个穷鬼，估计他会这么想。但我很高兴，因为我的世界安静了，并且，还留下了一个懂礼貌的好名声。

厚实的头发，给人一种安全感。我不喜欢那种薄薄的头发，又或是小碎发，我觉得我不适合。因为我的脸型像张大饼，刘海儿少了之后就愈加明显起来。我不想让人在看到我之后，就会联想到吃，然后肚子饿。

所以每次理发师往我头上动剪刀的时候，我都会接二连三地提醒他："刘海儿不要打薄，稍微修一下，稍微修一下就好了！其他地方你随意。"

就如今天这位，他的脸上显露出的不耐烦，我知道他在想什么，十五块钱剪一个头你要求还那么多！虽然如此，我还是挺喜欢他的。因为可以看得出，他很敬业爱岗，有职业道德，因为他面带微笑说："谁还没有过青春，我也有过小时候，自然知道你现在的要求是什么，相信我！"他的笑很谄媚，看不出一丝的虚假，或许他是真心诚意的吧。

铁一般的事实证明，我和他的代沟实在是太大了。

铁一般的事实证明，不要轻易相信一个人，不然自己连你怎么死的都不知道。

铁一般的事实证明，我这次的头发又被剪废了。

"谁还没有过青春，我也有过小时候，自然知道你现在的要求是什么"，我过于相信他的这句话了，所导致的后果就是任由他在我的头上动剪刀，给予他极大的信任。结果剪完之后我才发现我的发型变成了他那个年代青春里的发式，我后悔不已叫苦不迭，这真是世界上最坑爹的事情了。

不过说真的，我已经习惯了。因为每次在剪之前，我早就做好了心理准备。"帅帅地进去，丑丑地出来。"刚剪完头，在理发店里看着还将就，也不是丑到那种人神共愤的地步。可是第二天一洗头，自己吹干，对着镜子照，就会莫名地想问镜子里的那个傻瓜是谁。

他问我："还行吗？"我说："还凑合。"他满意地点了点头，我伤心地抹了抹眼角。

我还以为他会拉着我的手，激动地跟我说："你这个头我不收钱了！"虽然这是一句有点儿恐怖的话。

以前在亦舒的书里看到过，理发师帮女主剪了一个很丑的发型，然后他问女顾客剪的还行吗，女主笑笑说，挺有艺术感的。然后理发师激动地说："你这个头我不收钱了。"女主问为什么，他说，因为艺术是无价的。他只收那些剪坏了的理发钱。

但令我感伤的是，故事终究只是故事。这只是我的一个美好期冀，因为他收了我的钱，冲我点点头说："欢迎下次光临。"

他不说"欢迎下次光临"还好，他一说就戳中了我的痛，我的整个脸就都如烂泥似的耷拉了下来，然后顶着这么一件失败的艺术品，丧气地走出去了。

抬头望望天，天很蓝。天上的云朵，就像是一座又一座漂浮的小岛。

"头发去了还会回来。"我安慰自己说，可是一想到回来了还得去剪，我就又伤心绝望了起来。

身边的女生经常跟我说，有没有本事剃光，变成平头，敢剃平头依然好看的男生，才是真帅哥。我悻悻然说："我又不是帅哥，我为什么要剃光？"

第二天到学校的时候，小Y笑得前仰后合。看他幸灾乐祸的样子，我真怕他一口气上不来就这样笑死了。他毒舌地说："我才发现你长得原来那么有喜感。"我狠狠地瞪了他一眼。

第三天到学校的时候，他伤心地找到我。他说我们部也要进行仪容仪表的检查了，他的头发过不了。我大笑地握着他的手说："这样很好啊，恭喜恭喜。"他将昨天的白眼又还给了我，可是我并不介意。

我和小Y经常说的一句话就是："头发就是我的命啊，失之，我勒个去。"

小Y有一个女朋友。他女朋友约他出去玩，他伤心地对她说："在我的爱发没有长出来之前，我是永远不会见你的。"搞得像是两个有深仇大恨的人一样。他女朋友愤怒地说："那你就永远也别出来了！"他突然急了，不知所措地拉着我的袖子，问我怎么办。我依旧哈哈笑。

他后来恢复镇定，慢慢悠悠地说："我们现在终于有理由不出去，不做任何事了。"

我疑惑地问他："为什么？"

他说："因为头发很重要，它就像是一个人的脸面。"

青春年少时的头发，真是一件尤其重要的东西啊，说不定就会左右我们的生命。

某闲赚钱记

某某闲来

说起赚钱，在某闲心里一直有个宏伟巨大的愿望，就是大学期间，利用闲暇的时间打工，然后赚很多很多的钱。至于有何收获，且听我一一道来：

《英语周报》和电话卡

当初接触到推销的行业，还是源于大一时自己和同舍室友的亲身经历。刚开学，在学长们风风火火地带领下，我们率先奔赴的不是学校办公楼的报名处，而是一个个撑开的五彩遮阳棚下，面对着琳琅满目的电话号码，眼冒金星，接着才去办理各项入学手续。

收拾寝室的时候，总是会被不同的学姐们疯狂砸门，以三寸不烂之舌忽悠着英语在大学期间的重要性，显然，从高三的战场刚刚解放的大一新生们，比如，我的室友，胸怀大志准备在大学里有一番作为的热血青年势必会听进学姐的谆谆告诫，毫不犹豫地订下一年的《英语周报》。可不上进的我是个例外。我是我们宿舍唯——一个没有订购报纸的人，所以一年后的室友们纷纷吐槽那些崭新的报纸几乎没有看过几张时，我则在一边笑弯了腰。

也是这个缘故，深谙推销流程的我，早在大一下学期末的时候就跃跃欲试。等星星盼月亮一般，终于迎来了如同我们当年稚嫩的笑脸。我被抽到参加学校迎接大一新生的志愿者行列中，或许，在座所有的人都觉得这是个肥差，因为学校明文规定不得除志愿者以外的任何组织或个人迎接大一新生，这样一来减少了竞争，毕竟志愿者名额有限，想分一杯羹的学长学姐大有人在。看似大大增加了我成功推销电话卡和《英语周报》的概率。可上有政策下有对策，那些狡猾的学长学姐们，早早地在火车站汽车站蹲点，成功地抢在学校安排迎接新生的志愿者前面，截获了一批又一批新来的大一生。

他们谎称新生的表哥表姐，你们家表哥表姐都是同一副面孔啊，我有些生气，还是忍住不爆发出来。没想到的是新生们居然会很配合地应答着，这就是我的表哥（表姐）！就这样，当我们接过行李（我是负责新生入住宿舍这一块的），把他们送往寝室的路上，企图试探性地推销我所代理的电话卡和《英语周报》时，却得知人家早在来学校的那一秒，已经被表哥（表姐）一条龙服务好了一切。什么饭卡、水卡、电话卡，报纸、墙纸、卫生纸，想都不要想，所有的商机早已经被人捷足先登！

地摊摆起来

和室友摆地摊卖东西，是我一时的冲动。本质原因还是归于我上面提到的那个宏伟的愿望，从未敢忘，也未曾忘记。我是那种想到什么就必须要做的行动派。和室友说出想法后，力挺我的室友表示可以试试看，于是我线上线下搜寻了各种进货渠道。

那时候大约在冬季，女孩子不想被单一的牛仔裤束缚着美腿，就只能通过颜色花哨的打底裤来显露，正所谓"要风度不要温度"，这句话，在校园内很是流行。

瞅准商机的我，和室友利用周末乘坐公交车，在近两个小时后来到了"百度知道"上指出的批发市场。由于路途遥远，来这里的学生少之又少，可能是我和室友被冻得红彤彤的脸蛋惹人同情，那家打底裤批发店的老板犹豫再三，给了我们最低价之后还便宜了五十块钱。临走之前，挥着手说："苦命的娃，早当家，祝愿你们生意兴隆！"

之后我们开始了长达一个月的摆地摊生活。刚开始生意不冷不淡，一晚上也能卖出去几条，可是和我预想的成为爆款、销售一空的场景有着遥远的距离。于是我苦苦思考了好几个夜晚，并不断和室友合计后，最终想出模特的真人show和促销活动。

室友曼妙的身姿这个时候帮上了大忙，修长的双腿每天晚上都会被不同款式的打底裤包裹着，从而散发出属于它的真实美感，引来了一大批围观的群众，而我卖力的吆喝声也至关重要。从某本财经杂志上看到，中国的消费者对于打折的字眼儿都有种莫名的情结，这种现象不仅适用于大龄妇女闲逛超市，也同样适用青春飞扬的少女们对物美价廉深深的渴望。

自然，打底裤是销售一空，生意，好到爆！可是为此，室友却在数个风寒日冻的夜晚感染上了重感冒，吃药无效后，跑到市立医院连续挂了近一个礼拜的吊水，而每晚的点滴费就达一两百块！我们辛苦赚来的五百块就这样被挥霍一空，还要搭上自己荷包里的一部分，真是赔了夫人又折兵，得不偿失！

兼 职 联 盟

兼职联盟，顾名思义，这个组织就是为大学生寻求打工赚钱的机会。这和我伟大的愿望不谋而合。

知道它，是当时的我外出回来，走近校门口的时候，接过了一陌生女孩儿发来的传单。"兼职联盟"这四个大字就是这样醒目地出现在我的视线范围内的。

那个时候，身边正好站着几个刚刚检查完寝室评完分的学弟学妹们，一听说我要加入兼职联盟，也纷纷表示想要一同加入。我本着有钱大家赚的大公无私的心，带领了六个学弟学妹来到了兼职联盟的办公室，咨询加入详情。负责人端茶送水，笑靥如花。在听说了我是学生会干部，更是掌管着全校宿舍卫生生杀大权的宿管部部长时，笑容更深了些，连忙说要拉我为合伙人，职责就是为他拉人入盟，薪酬按人头计算。我觉得不错，说要时间考虑下。负责人很热情地同意了，为了表示诚意，还将那六个人的参会费给免去了一半。

但没有想到的是，英语六级的空前来袭还有期末考的紧随其后，让毫无准备的我渐渐淡忘了和负责人的约定。待我回想起来，询问参加联盟的六个人时，他们也先后说出和我一样的遭遇，都被考试的灰色阴影笼罩着，任凭谁也没有心思去打工赚钱，挤出闲暇时间还不如安稳地躺在被窝里多睡一会儿懒觉来得快活！

……

综上所述：噼里啪啦胡乱按下一通数字后，得出我这几次打工兼职的成果，居然，居然是负数！！！曾几何时我多么希望自己会是个商业奇才，但经过这一番的折腾也只能认清现实，安心学习。虽然金钱上没有得到满足，但大学期间的各种兼职，还是赐予了我无上的快乐和美好的回忆！

下辈子，我们不会再相遇

解　夏

1

"你去看他了吗？"她问着，我不说话，点点头。长久的沉默后，她终于开口："你说你这孩子怎么就是不听话，叫你不要去看他怎么就非去呢，他是不是又吵着说要出来啊？你你你……"

"他就说他想你们了，想叫你们去看看他。"我说完别过脸去。

身后沉默了数秒，然后喋喋不休地抱怨起来："想想想，他就只知道自己……"

我的眼泪不自觉地流出来，湿了脸颊。

这是2011年的夏天，爷爷被送进了养老院，我因为去看他而被姑姑责骂。

　　而在此之前，除了我竟然没有一个人去看过他，甚至为了防止他出来，连出入证都不给他办。那小小的养老院里就只有两栋楼和一个小操场。我亲眼看见他趴在那个大铁门上满脸笑容地看着我，那笑容让我心里难受。他是个老人，不是个犯人啊。

2

　　爷爷有三个孩子，姑姑、大伯和爸爸。2010年的夏天，爷爷在姑姑家从楼梯上摔了下来，大抵是伤了神经，大脑变得不太正常，无论思维或是行动都受到了影响。他的身体变得很差，却从来丢不了他根深蒂固的大家长思想，处处都喜欢插上一脚，起初爸爸体谅他年纪大了又受过伤处处忍让着他，后来他的情况越来越糟糕。他经常为一些鸡毛蒜皮的小事，半夜爬起来跑到我们的房里吵，弄得一大家子没办法睡觉。

　　有时候爸爸烦了就会抱怨几句，他就会闹着要死要活，或者对邻居说爸爸虐待他。

　　在邻居的指指点点下，我亲眼看见爸爸低下了头，满脸痛苦地一个人躲进了卫生间。

3

爷爷被送到养老院的事情，我是最后才知道的。我给他打电话问他过得怎么样，他说不错，让我放心。后来听到他的声音幽幽地在那边响起，他说："我年纪大了，也不中用了，现在脑筋也越来越糊涂，控制不了自己的行为，到这里了也好，省得给他们添麻烦，他们也不容易……"

那一刻我的心里有些难过，总有一天我们都会老的，如果现在没办法忍受我们的老人，等到有一天我们也老了的时候，我们的儿女又会怎样嫌弃我们呢。

我曾经想要去看他，可是姑姑们不告诉我地址。说他好不容易安定下来，就不要去了，免得又让他心生想法再闹着要回家，我们都有自己的生活，谁也顾不了谁。

4

大伯气急败坏地给我打电话的时候我才知道自己不知不觉间又做了错事，即便我自己根本就不觉得错。

我把他们的电话给了爷爷，前几天他问我要的。

让我意外的是，因为爷爷一天十个电话打去骚扰他们，他们一致地换了号码。

甚至就连表哥——爷爷的亲孙子也跟我抱怨说，大家都有自己的工作和家庭，哪像他一样有那么多的闲工夫聊天。

5

第二次从爷爷那里回来的时候他让我捎了一条裤子，他说那裤子破了些洞，想叫姑姑帮他补上，并且嘱咐我，无论姑姑怎么回答都要记得告诉他。

姑姑第一反应就是说他事多，又不是没有衣服穿偏就盯着这一条裤子。我看见她脸上抱怨的表情，不由自主抓紧了手指。

真的是为了这一条裤子吗？为什么就没有看到那颗柔软的心呢？他根本就不是为了这条裤子，不过是想她了，想让她去看他而找的借口罢了。或者说她懂了，只是并不觉得有什么意义。

"姑姑，他不过是想你去看看他。"

"现在知道想女儿了，当初就见他顾着儿子也没念过我半分，还有你，别以为自己多有孝心……"

我一直以为亲人间的钩心斗角都是电视剧里的情节，却从来没有想过，人心，在哪里都是一样。

6

我侄女周岁的时候他们没有通知爷爷。他们都怕惹麻烦。我常常想，许多年后，我们的子孙听到这样一段往事的时候会不会觉得家人很绝情很残忍？我们会不会成为他们的样板？等我们变成爷爷那个模样，也被他们遗忘，有亲人却还是孤独终老。

两个月后爷爷去世了，医生说是心情郁结造成的。我记得他走前的一个星期还在跟我念叨他曾孙的周岁怎么可以不过。

姑姑他们脸上出现了刹那悲伤的表情，然后是松了一口气，这个世界上拖累他们的人，终于消失了。

7

爷爷的葬礼，我没有哭，却看到姑姑他们哭得很大声，那歇斯底里的架势，让周边的人都不由得动容，这个时候我却是扯不出半丝表情。

这个世界上最爱我的那个人终于还是去了，我是他养大的孩子，从小就跟着他，我记得他为我做的秋千，为我跟老师吵架，帮我打欺负我的小孩儿，可是最后我却没能为他去争得半分温情，还是让他孤零零内心凄凉地走了。

以后如果我有了孩子，我一定会告诉他，这辈子，我们做了亲人不容易，要好好珍惜，因为，下辈子我们都不会再相遇了。

你可以放心地老去了

流水冷然

四岁那年，我养的蚕死了，洁白的身体上沾满了桑叶的汁，口里流出黄色的液体。我不知道能做什么，只是哭。蹲在一棵槐树下，用小铲子挖了一个小小的坑将我的蚕埋葬。

那时，空气里弥漫着槐花馨香的味道，槐花开到荼蘼。你折了很多，打算用它们来做槐花饭。那时，心里固执地认为是因为你采摘的桑叶让我的蚕死了。于是，冲进家里，你正忙着淘洗槐花，见我回来，朝我微笑，我却一手推翻了那一大盆你折了一上午的槐花。

槐花撒了一地。

你打了我，很疼。只是，我没哭。

你泪如雨下，就像撒了一地的槐花。

后来，我才知道其实是我没有将桑叶淘洗干净。

那幅画面现在还在我的脑海里，不敢碰触，意识溜到那一幕，我就恨不得扇自己几个嘴巴。那时的我，仗着自己是个孩子，仗着你爱我，把你的忍耐肆无忌惮地撕扯。

你叫我不要总去外面玩儿，我就故意和一群小孩儿在外边疯跑，故意在人群里大声尖叫。

上了小学，我和小朋友打架，家里的门槛都让家长们踏平了，你认真地跟每一个人道歉。

初中，我逃课、聚众打架，自以为是的叛逆期，就像个刺猬。

后来，你不再和我据理力争。更多时候，一个人静静地坐在门口为我做我永远也不会穿的平底鞋。父亲说，你是被我打磨得没有了棱角。你笑笑，不置可否。你说，岁数大了，想想，只要我和父亲在身边，就知足了。

你淡淡地说着，我的心被什么东西狠狠地刺了一下。

后来，我读高中。住校的日子，我像脱了缰的野马。我以为没有你的束缚，我能过得更好。尽管每次见到炊烟升起时，心底都莫名地泛酸。

刚刚送父亲上了车，我看见他竟然有了白头发。

你始终是这个样子，做了噩梦，就急忙让父亲来看我。父亲说："没事常给你妈打打电话，她天天念叨你。"我习惯每星期六给你打电话，你每次都会兴奋得像个孩子，我甚至能想到你拿着电话时开心的样子。有一次我出去玩忘了，第二天清早就看见你站在我们班级门口，

爱会是最初的模样

手里提着给我带的一大堆吃的。

高三那年，我像野草一样疯长。

和一个兄弟没日没夜地逃课泡网吧。那些日子，荒芜得让人窒息，像一条黑暗的甬道，看不到出口，看不见希望。

老师给你打电话，你来学校看我，把我堵在网吧门口，我以为你会大发雷霆，可是你看着我，很久，我们都没说一句话。

最后你说："儿子，回去上课吧。"

我点点头，你挤出了一个笑容，转身走了。

后来，我又开始循规蹈矩的生活，每天走一个小时回家来住。我开始做厚厚的试卷，一个人走那条长长的巷子，吃固定的早餐，做令我头疼的数学题。

你说，我是一个好孩子，只是太任性而已。

那一年，发现你的头发已经白了很多了，我渐渐长大、坚强。

你或许不知道，那一年发生了许多改变我一生的事情。

那一年，我和最好的兄弟在网游里厮杀的时候，他的父亲出了车祸，像羽毛一样轻轻飘起，如同一朵殷红的花在车来车往的马路上绽开。

那一年，我看见一个母亲在网吧里哭得声嘶力竭，跪下来求自己的孩子不要荒废自己的青春了。

那一年我觉得自己必须做一个懂事的孩子了。

那天我终于明白，什么是一夜长大。

我曾以为感情是世界上最不牢靠的东西，忽然一天一个人对一个人烦了，感情会就像云烟般散去，不管你是否留恋。可后来我明白，你和父亲对我的爱，毫无保留，别无所求。

那年，我从山东回来。老远就看见你在火车站里的身影，在那么拥挤的出站人流里，你还是一眼就发现了我，你笑得像个小孩儿似的，在阳光下微微抖动。你让父亲赶紧替我拿箱子，我们挽着手往家走，你一路说个不停，仿佛我在外面尽受委屈。

回家之后，你做我喜欢的木须肉。你把猪瘦肉切成丝，鸡蛋磕入碗中，用筷子打匀。

你还是轻车熟路地做着，我在你身后眼泪扑簌扑簌往下落。

现在，我上大学了。你终于也可以像其他小老太太一样了，每天去公园里跳跳舞，不必每天很早起来为我做早餐；你也可以像其他小老太太一样，打麻将打到很晚，不再担心我说你了。呵呵，祝贺你成了一个自由的小老太太。只是，我知道，你心里盛着满满的对我的牵挂。

妈，你的儿子长大了，现在你可以放心地老去了。

我会照顾你，宠你，就像小时候你疼我那样疼你。

爱会是最初的模样